예수님과 걷는 길 3편

영적인 여정에서 위험한 함정들

Journey With Jesus Three

How to Avoid the Pitfalls of Spiritual Leadership

이영희 지음
Yong Hui V. McDonald

『예수님과 걷는 길 3편, 영적인 여정에서 위험한 함정들』
(*Journey With Jesus Three, How to Avoid the Pitfalls of Spiritual Leadership*

지은이: 이영희 (Yong Hui V. McDonald also known as Vescinda McDonald)
그린이: Mario Muñoz, Holly Weipz
영어 초판 발행/ 2014년 6월 1일
한국어 초판 발행/ 2014년 10월 1일
© 2014 이영희 (Yong Hui V. McDonald)
표지 디자인: 르넷 맥클레인 (Lynette McClain)
표지 그림: **Mario Muñoz**, 일러스트레이터
편집: 박영득, 임문순, 한명옥, 김옥순, Rita Finney
표낸곳: 아도라 (Adora Productions)
ISBN: 978-1500987220
홈페이지: www.maximumsaints.org
   http//blog.daum.net/leeborn777
   www.griefpathway.com
   www.veteranstwofish.org
이메일: tppm.ministry@gmail.com
   yonghui.mcdonald@gmail.com

한국 연락처: 이본 목사, 변화 프로젝트 부장
   하늘문교회, 인천시 남동구 구월3동 1388-15
   우편번호 405-840
Cell: 010-2210-2504, 교회전화: 070-8278-2504
이메일: leeborn777@hanmail.net
(본문의 성경구절은 대한성서공회의 개역개정판을 따랐습니다.)

(아도라는 스페인어로 Adora이고 영어로는 Adoration으로서 하나님을 깊은 사랑과 존경으로서 경배한다는 뜻으로 사용이 되었습니다. 아도라의 목적은 문서를 통하여 예수님의 사랑의 이야기를 땅끝까지 전하여 사람들의 영적인 성장과 치유를 추진하는 것입니다.)

이 책을 당신께 바칩니다

이글은 내가 가장 소중하게 생각하며 사랑하는 하나님 아버지, 예수님, 성령님과 나를 위해서 평생을 기도를 해 주신 어머니와 주님의 나라를 세우는데 열심을 다하고 또 기도하시고 계신 분들을 위해서 바칩니다. 예수님께서 이 글을 통해서 영광 받으시기를 원합니다.

감사의 글

이 책이 출판될 수 있도록 수고하시고 편집을 도와주신 박영득, 한명옥, 김옥순, 임문순, Rita Finney 그리고 아름다운 표지와 삽화를 그려주신 Mario Muñoz와 박영득에게 진심으로 감사를 드립니다. 놀라운 은혜와 기적을 보여주시며 교도소 선교와 문서 선교의 문을 열어주신 하나님께 깊은 감사를 드립니다. 마지막으로 모든 영광을 예수님께 돌립니다. 그분이 아니셨다면 이 책은 쓰여지지 않았을 것입니다.

차례

바치는 글
감사의 글
서문

예수님과 걷는 길 3편
영적인 여정에서 위험한 함정들

  1. 예수님의 마음 / 14
  2. 교만의 구덩이 / 18
  3. 기도부족의 구덩이 / 22
  4. 불순종의 구덩이 / 26
  5. 걱정과 두려움의 구덩이 / 31
  6. 영적 장님의 구덩이 / 35
  7. 편견의 구덩이 / 41
  8. 돈 사랑의 구덩이 / 47
  9. 잡음의 구덩이 / 51
  10. 사람 사랑의 구덩이 / 55
  11. 실망의 구덩이 / 61
  12. 핑계의 구덩이 / 65
  13. 자기를 의지하는 구덩이 / 66
  14. 쾌락을 사랑하는 구덩이 / 71
  15. 분노의 구덩이 / 75
  16. 마귀의 구덩이 / 82
  17. 꽃밭 / 88

부록
  예수님께로 초대 / 94
  변화 프로젝트 / 96
  하늘문선교회 / 97
  재향 군인회 재단 / 98
  저자 소개
  그린이 소개

서문

    2003년부터 아담스 카운티 교도소에서 목사로 사역을 시작한 후 하나님은 내가 그렇게도 보고 싶어하던 영적 부흥을 재소자들을 통하여 또 문서 선교를 통하여 볼 수 있는 은혜를 베푸셨다.
    처음 사역을 시작했을 때 하나님께서 영적 지도자들을 훈련하라는 말씀을 하셨다. 그래서 재소자들을 멘토하면서 설교와 신앙간증을 할 수 있는 기회를 주었다. 그들의 간증을 2005년에 설립한 변화 프로젝트 교도소 문서 선교 비영리 단체를 통해서 책을 출판하고 비디오를 만들어서 미국과 한국에서도 교도소와 노숙자의 보호센터에 무료로 배포되고 있다. 그 책들을 통해서 많은 사람들이 하나님을 믿게되고 영적으로 성장한다는 편지가 계속 들어오고 있다. 모든 것이 하나님의 은혜이다.
    교도소안에서 재소자들이 예수님을 만나고 변화되어 성경공부를 인도하며 하나님을 전심으로 섬기고 있는 사람들이 많다. 미국에서 영적 부흥이 가장 강력하게 일어나고 있는 곳이 교도소이다. 나는 그것을 목격한 한 증인으로서 항상 하나님께 감사를 드린다.

재소자 중 주님을 만나서 변화된 사람들이 어떻게 자기들이 영적으로 성장하며 예수님을 섬기는데 열심을 다할 수 있는가에 대한 질문을 많이한다. 그래서 나는 그들에게 어떻게 하면 주님께 더 가까이 갈 수 있으며 더 잘 섬길 수 있는가에 대한 상담을 해왔다.

2012년에 예배에 열심히 참석하는 안토니라는 20대의 청년이 글을 써 보냈다.

영희 맥도날드 목사님께,

예배시간과 성경공부에서 많은 은혜를 받고 있어요. 목사님이 저에게 하나님께서 부르신 사명이 무엇이냐고 몇번 질문하셨을 때, 저는 하나님의 말씀을 순종하며, 경건한 기독교인의 삶을 살며, 복음을 전하는 것이라고 생각했어요. 그런데 하나님께서 저에게 어떻게해야 영적으로 성장하며, 복음을 강력하게 전할 수 있는 지혜를 얻을 수 있는지를 목사님에게 여쭈어 보라고 말씀하셨습니다. 목사님께서 책, 아니면 도움이 될 수 있는 것을 적어주시거나 충고를 해주시면 큰 도움이 될 것 같아요. 하나님의 축복이 목사님과 목사님의 가족에게 함께하시기를 기도합니다.

주님을 전심으로 따라가려는 종,

안토니

안토니의 글이 나를 격려했다. 그가 주님을 사랑하여 복음을 전파하라는 말씀에 순종하려면 어떻게 해야 하는지를 배우고 싶다고 하여 기뻤다. 나는 그를 방문하여 상담하는 것을 적어주며 설명을 했다. 안토니는 다 듣고 난 후 질문을 했다.

"목사님, 이것을 복사를 해주시면 그것을 매일 보고 기도하면서 올바른 삶의 길을 걸어가려고 노력하면서 주님을 섬기겠습니다."

그의 말에 감명을 받았다. 이렇게도 주님을 사랑하고 섬기려 노력하는 젊은 청년의 말이 나에게는 말할 수 없는 기쁨을 주었고 또 그렇게 성장하고 싶어하는 사람들을 내가 도울 수 있는 환경과 사역을 허락하신 주님께 감사드렸다.

일주일 후에 주님께서는 안토니 같이 질문하는 사람들을 위해서 책을 써서 그들이 영적인 여정에서 잘못된 함정에 빠지지 않게 도와주라고 하셨다. 그때 내가 쓰고 있던 책을 끝내는 날이라 쉬려고 생각했으므로 마음이 내키지 않았다.

"예수님, 왜 이 책을 저에게 쓰라고 하세요?"

주님은 대답하셨다. "네가 언젠가 다른 사람들에게 한 말을 기억하냐?"

"무슨 말을요?"

"어떤 것을 가르칠 때 같은 것을 열번을 반복한다면 그것을 책으로 내서 도와 주라고 하지 않았니?"

어떤 사람들은 가르치는 은사가 있다. 그래서 나는 그런 사람들을 격려하기 위해서 책으로 써서 도우라고 하셨다. 주님은 나에게 시간이 급하다는 말씀도 하셨다. 복음의 씨를 많이 뿌려야 하는데 내가 지도자들을 개인적으로 상담을 하는 것보다 책으로 내면 더 많은 사람들을 도울 수 있다고 하셨다.

 안토니에게 한말은 내가 다른 지도자들에게 이미 한말이다. 그후 다른 사람에게 똑 같은 것을 이야기해 주었는데 이 사람도 내가 쓴 것을 복사해 달라고 했다. 그래서 주님께서 왜 이 책을 쓰게 하시는지 이해하기 시작했다. 그후 이 책을 쓰려고 여러번 시도했지만 진전이 되지 않았고 항상 언젠가는 해야 한다는 숙제로 마음에 남아 있었다.

 그런데 2013년 12월8일부터 주님께서 침묵기도를 하라고 부르신 후 내가 좋아하는 찬송가들도 예배시간외에는 듣지 못하게 하시고 하나님의 음성을 듣는 훈련을 하게 인도하셨다. 개인적인 멘토도 못하게 하시고 주님이 원하시는 프로젝트를 하도록 인도하셨다.

 침묵기도 첫 째 주에 가난한 아이들을 위한 책을 출판하라고 하시고 박영득씨가 그림을 아름답게 그려주어 『네가지 음성』이라는 아동책이 영어와 한국어로 출판이 되었다. 또 3주가 지나자 2014년 1월에 침묵기도의 중요성을 알려주는 『예수님과 걷는 길 2편』을 쓰게 인도하셨고 그 다음으로 이 책을 쓰게 하셨다.

 이 책은 내가 쓴것 중에서 가장 힘들었다. 그 이유는 내가 하기 싫은 것을 주님께서 억지로 쓰게 하신다는 생각에 반항적인 나 자신과 싸워가면서 썼기 때문이다. 그러나 놀랍게도 이 책을 쓰는 과정에서 주님께서는 나의 부족한 점을 낱낱이 지적하시며, 나의 잘못을 깨닫게 해주신 은혜의 시간이 되었다. 주님은 예수님과 걷는 길 2편과 3편을 3개월 안에 영어와 한국어로 쓰도록 도와 주셨다.

 주님의 관점에서 보시는 위험한 함정들을 좀 더 일찍 알았더라면 나의 여정에도 도움이 되었을텐데라는 생각이 들었다. 주님께서 인도하시지 않았다면 이 책은 절대로 쓰여질 수 없었다는 것을 알고 주님께 모든 영광을 드린다.

예수님과 걷는 길 3편
영적인 여정에서 위험한 함정들

1. 예수님의 마음

소녀는 꽃밭속에 앉아 불어오는 산들바람을 즐기고 있었다. 그런데 주님께서 그녀의 어깨를 톡톡 치시며 말씀하셨다. "나의 사랑하는 아이야, 내가 너에게 줄 것이 있단다." 예수님은 소녀에게 떡 하나를 주셨다.

"예수님, 이 떡이 왜 이렇게 달지요? 너무 맛있어요." 소녀는 행복한 미소를 지었다.

"네가 나의 마음을 알게 되면 네가 먹은 떡처럼 달고 맛있단다." 주님의 얼굴은 사랑으로 가득차 있었다.

"네? 그게 무슨 뜻이에요?"

"네가 '예수님과 걷는 길' 책을 더 쓰기를 원한단다."

소녀는 놀라며 눈을 크게 떴다. "예수님과 걷는 길을 또 쓰다니요? 사실 이제는 좀 쉬고 싶어요. 지금 쓰고 있는 책들이 아직도 있잖아요?"

"나의 사랑하는 딸아, 그래, 네가 여러가지 좋은 일들을 할 수가 있단다. 그러나 무엇보다도 내가 원하는 것은 순종이다. 모세가 양들을 치고 있지 않았니. 그러나 내가 그에게 원하는 일이 있었단다. 내가 모세에게 나의 마음을 이야기하고 이스라엘 백성들을 노예에서 해방시킬 것을 말했지. 예수님과 걷는 길 2편에서는 침묵기도에 대한 것이지만 이 책은 나의 마음을 알게해 주는 것이야."

"정말요? 그런데 어떻게 주님의 마음을 알 수 있을까요?"

"그러려면 우선 너 자신과 다른 사람들의 마음을 이해해야 한단다."

"그렇게 할 수 있도록 해주세요."

"물론이지. 너의 순종을 내가 기뻐한다." 예수님은 흐뭇한 미소를 지으셨다.

"주님, 제가 침묵기도한지 두 달이 지났는데요. 언제까지 해야 하나요?"

"나는 네가 침묵기도 시간을 나의 아버지의 집에 올 때까지 하기를 원한단다. 나의 마음을 이해하려면 기도를 해야해. 세상의 잡음과 다른 사람들의 음성을 제한하지 않으면 나의 음성을 들을 수가 없어."

"저도 사실 침묵기도가 아주 좋아요. 침묵기도를 시작한 후에 제가 훨씬 건강해진 것 같아요. 이제는 피곤하지도 않아요."

"기도로 나와 시간을 보내는 동안에 치유가 된거야. 나와 같이 있다 보면 힘이 더 생길거야. 그런데 이 책을 쓰려면 성령의 음성을 듣고 순종을 해야만이 쓸 수 있어."

"이 책을 쓰는 것이 주님의 뜻이라면 당신의 뜻이 저의 삶에서 이루어지기를 원합니다."

"나의 사랑하는 딸아, 전에 너에게 영적 지도자들을 도와주기 위해서 쓰라고 한 책을 기억하니?"

"네, 몇년 전에 쓰라고 하셨는데 어떻게 시작해야 할지를 몰라서 미루고 있어요."

"내가 그 책을 쓰도록 도와 줄 것이다. 너도 그 책을 쓰는 과정에서 많은 것을 배울거다."

"예수님, 감사합니다. 제가 이 책을 써야 한다는 것을 알면서도 시작이 너무 힘들어서 항상 마음속에 숙제로 남아있었어요. 쓰는 것을 도와주신다니 감사합니다."

"나의 사랑하는 딸아, 네가 나와 함께 걷고는 있지만 아직도 나의 깊은 마음을 이해하지 못하기 때문에 이 책을 쓰지 못하고 있었던거다. 이 책을 쓰기 시작하기 전부터 조심해야 할 것이 하나 있다. 교만마귀가 틈탈 수 있다는 것을 알고 조심하라. 교만한 사람은 나의 마음을 이해할 수가 없어. 그래서 나를 가까이 따라오면서 겸손히 나의 말을 순종하려고 하지 않으면 이 책을 쓸 수가 없지."

"맞아요. 제가 얼마나 쉽게 교만에 빠질 수 있는지 알았어요. 특히 문서 선교를 통해서 사람들의 칭찬과 찬사를 받을 땐 제가 특별한 아이가 아닌가 하는 마음이 들어올 때도 있었으니까요. 그것이 잘못된 것이라는 것을 알아요. 예수님께서 인도하시지 않았다면 쓸 수 없었다는 것도 알고 있어요. 또 저의 모든 책들이 많은 사람들의 도움과 후원이 없었다면 출판이 될 수 없다는 것을 알고 있음에도 불구하고 우쭐한 생각이 들어올 때가 있어요. 사실 저는 쓰지 않으려고 했던 것을 주님께서 인도하셔서 쓴 책들이잖아요. 그럼에도 불구하고 어떤 땐 그것을 잊어버리고 제가 한 것처럼 생각할 때가 있어요. 저를 용서하시고 교만에 빠지지 않도록 해주세요."

"그래, 용서한다. 그리고 너를 도와서 이 책을 쓰도록 하겠다. 나를 따라오너라. 너에게 보여줄 곳이 있단다."

소녀는 꽃을 들고 예수님의 손을 잡고 따라가면서 노래를 불렀다. "예수님, 당신은 저에게 가장 아름다운 분이십니다. 당신의 마음을 알게 해주세요. 그래서 당신의 사랑을 더 이해하게 해주세요. 당신을 사랑합니다. 당신을 더 사랑하고 싶어요."

예수님의 얼굴은 기쁨과 사랑으로 가득차 있었다.

2. 교만의 구덩이

꽃밭을 지나서 이번에 예수님께서 소녀를 데리고 가신 곳은 그녀가 살고 있었던 홍수가 난 동네였는데 아직도 많은 집들과 길들이 수리 중이었다. 지난번에 그녀가 자기집을 방문했을 때에는 지붕의 여러 군데가 새서 집안이 물바다로 엉망이었는데 놀랍게도 지붕은 새집처럼 고쳐져 있었다. 그런데 집안은 전보다 정돈은 되어 있었지만 아직도 지저분했다. 소녀가 방에 들어가보니 옷장에 옷은 하나도 없고 쓰레기만으로 가득차 있었다.

소녀는 실망한 얼굴로 한숨을 내 쉬었다. "저의 집이 아직도 손질하고 청소할 것이 많네요. 언제나 이 집이 깨끗하게 청소가 될까요?"

"나의 사랑하는 딸아, 걱정하지 말아라. 네가 침묵기도를 시작한 후 성령께서 다른 사람들과 같이 지붕은 고쳤는데 아직도 네 삶에서 청소해야 할 것이 많다는 것을 보여주는거야. 계속 기도하면서 나를 따라오면 깨끗이 정돈이 될거야. 성령께서 너를 도와주기 위해서 청소를 시작했단다. 그러나 아직도 너의 집은 고쳐야 할 것이 너무 많다."

"예수님, 저의 옷장에 그렇게 많은 쓰레기가 있는 줄은 몰랐어요. 이것이 어디서 다 왔어요?"

"네가 사역을 하면서 알게 모르게 쓰레기를 모았지. 나에게 초점을 두지 않고 너 자신과 사역에 더 초점을 두었기 때문이다. 그리고 다른 사람들의 생각과 판단에 더 마음을 빼앗긴거야. 나보다 너 자신과 사역을 더 사랑한거야. 이것이 나의 많은 일군들의 문제란다. 이것을 알지 못할 때 그들은 자기와 사역에만 신경을 쓰고 나에게는 마음을 두지않아. 교만의 구덩이에 빠진자들이 많아."

"제가 너무 쉽게 이 구덩이에 빠졌어요."

"성령께서 나의 일군들을 인도하여 다른 사람들을 도와 주었을 때 그 일을 마치 자기 혼자 힘으로 해낸 것 같은 잘못된 생각을 하는 사람들이 많아. 내가 그들에게 사역을 주었고 나의 은혜로 그들이 하나님의 나라의 일을 하고 있다는 것을 잊어버리고 있어."

"주님께서 부르지 않으셨다면 절대로 저는 사역을 하려고 하지 않았을 거예요. 하나님의 은혜로 당신을 섬기고 있어요. 주님을 섬기는 것이 특권이라는 것을 알고 있어요. 그것을 기억하게 해 주셔서 감사합니다. 사역을 하라고 불러주신 은혜에 감사합니다."

"나의 사랑하는 딸아, 나의 은혜가 사람들에게 나를 섬길 수 있는 기회를 마련해 준단다. 그러나 나의 자녀들이 쉽게 그것을 잊어버리는 때가 있어. 자, 요즘에 어떻게 교만마귀가 너에게 잘못된 생각을 가져다 주었는지를 이야기 해봐라."

"예수님, 제가 책 작업하는 일이 너무 많다고 생각하고 주님께서 이 책을 쓰기 시작하라고 하셨지만 작업을 계속 미루고 있는 중에 마귀가 너는 특별한 사람이라 주님께서 이 책을 쓰게 하시려고 한다고 내 귀에 속삭이는 거예요. 책을 시작도 하지 않았는데 마귀가 나에게 잘못된 생각을 들게 하려고 했어요. 전에는 마귀가 내 간증이 별 가치가 없다고 하면서 책을 쓰지 못하게 하려고 했지만 이번같이 저의 귀에다 대고 속삭인 것은 처음이에요. 그래서 주님께서 이 책을 시작하라고 하신 말씀을 적은 노트를 읽고 난 후에 교만마귀가 틈 타려고 할 것이라고 경고한 것을 알게 되었어요. 그래서 주님께 순종하기 위해서 이 책을 바로 시작했어요. 미루지 않고 곧 바로 순종을 했더라면 마귀에게 틈탈 기회를 주지 않았을 텐데 하는 생각도 들었어요."

"사랑하는 딸아, 네가 하나님 나라의 일을 할 때 무슨 일을 하든지 모든 영광을 나에게 주는 습관을 가져라. 그러면 교만마귀가 틈 탈 자리가 없다. 네가 할 수 있는 일들도 모든 것이 나의 은혜이며 너에게 준 탈란트도 나를 위해서 사용해야 하는 것이다. 이 책을 쓰려고 할 때 사탄이 틈타는 이유는 사탄은 사람들이 나의 깊은 마음을 아는 것을 원치 않기 때문이지. 그래서 사람들에게 내 말을 순종하지 못하게 하려고 방해를 하려고 하지. 내 마음을 이해하려면 먼저 네 마음을 깨끗하게 해야 한단다. 마귀는 네 마음을 깨끗하게 하는 것을 원치 않기 때문에 틈을 탄 것이지. 너의 옷장이 왜 더러운지를 이제 이해하겠니? 마귀가 그 옷장을 청소하지 못하게 하려고 너에게 다른 사람들보다 더 특별한 사람이라는 교만한 생각을 주려고 한 것이지. 모든 사람들이 나에겐 아름답고, 귀중하고, 특별한 사람들이야. 네 자신의 생각을 쫓으면 내가 원하는 것을 절대 할 수 없어. 왜냐하면 너의 초점이 내가 원하는 것이 아니고 너 자신이 되어버리기 때문이야. 네가 아니더라도 다른 사람들을 통해서도 얼마든지 내가 원하는 일들을 하게 할 수 있다는 것을 알고 있지 않니? 그리고 나의 은혜로 이 책도 쓸 수 있다는 것을 알지 않니?"

"네, 주님, 이 모든 것이 당신의 은혜입니다. 제 의지로는 한권의 책도 쓸 수 없다는 것을 주님도 아십니다. 마귀는 주님께서 원하시는 것을 못하게 하려고 방해하려 하지만 저는 주님께 순종하겠어요."

"나를 따라오는 자들에게는 빠지기 쉬운 깊은 구덩이가 교만의 함정이란다. 나의 일을 하다가 초점을 자기에게 두면 이 깊은 구덩이에 빠져서 내가 원하는 것을 하지도 못하고 나를 따라올 수도 없단다. 정말 안타까운 일이지. 너는 이것을 조심하라."

소녀는 말했다. "주님, 이것을 가르쳐 주셔서 감사합니다. 그런데 교만의 함정에 빠진 사람들이 나올 수 있는 방법이 무엇인지요?

"그들이 죄를 회개하고 나를 사랑하는 것이 삶의 초점이 되고 나의 말에 순종하면 빠져나올 수 있다. 교만한 자들은 나를 볼 수도 없고 도움을 청하지도 않아. 그러나 내 자녀들이 회개할 때 성령께서 그들의 마음을 깨끗하게 청소하도록 도와주고 마침내 그 구덩이에서 나올 수 있는 길을 열어 준단다."

"예수님, 저의 생각대로 자신에게 초점을 둔 것과 여러 가지 핑계를 댄 것을 용서하세요. 주님께 순종하는 것이 가장 중요하다는 것을 항상 기억하도록 은혜 베풀어 주세요. 저의 마음을 깨끗하게 청소해 주세요."

"너를 용서한다. 네가 오랫동안 너의 생각대로 살아오고 사역을 해 온 것을 이제는 하나하나 정돈하고 내가 인도하는 대로 따라오너라. 그러면 옷장이 청소될 것이다."

"예수님, 이제 무엇을 배워야 하나요? 또 어떻게 해야 주님의 마음을 알 수 있을까요?"

"나의 사랑하는 딸아, 나의 마음을 알고 싶어하는 것이 나를 기쁘게 한다. 네가 아직도 배워야 하는 것이 아주 많단다. 너의 영적인 상태를 보여주고 가르쳐주겠다. 나를 따라와라."

3. 기도부족의 구덩이

예수님이 그 다음에 데려간 곳은 문이 닫혀 있는 방이었는데 문 밑으로 물이 철철 흘러 나오고 있었다. 소녀는 그것을 보고 어찌할 줄 모르고 당황했다. "예수님, 지붕을 고쳐서 더 이상 집안에 물이 없을 줄로 생각했는데 아직도 물이 있어요."

"이것은 네 집이 아직도 고칠데가 많다는거다."

"설명을 해주세요."

"사실 이것은 나의 많은 자녀들의 상태란다. 그들이 성경을 읽기만 하지 삶에는 적용하지를 않아. 성경공부만 계속할 뿐 하나님을 사랑하거나 경외하는 마음이 없어. 그래서 집의 기초가 흔들리며 무너지게 되는 것이야."

"주님, 죄송해요. 저도 성경공부는 많이 했지만 지식으로 끝날뿐 주님의 말씀에 순종하지 않았어요. 너무나 오랫동안 제 마음대로 살아온 것을 용서해 주세요."

"사랑하는 아이야, 이제야 그것을 깨닫는구나. 내가 사람들에게 준 것이 많단다. 그것은 나를 섬기라고 준 것인데 사람들이 자기들만 위해서 사용하고 있어. 안락하고 행복한 삶을 사는데만 초점을 두고 나를 섬기고 사랑하는데는 관심조차 없구나. 나의 나라와 의를 구해라 했는데 성경을 안다고 하면서도 실천은 하지 않아. 그래서 나를 따르려면 자기를 부인하고 자기의 십자가를 지고 따라 오라고 한 것이지. 그런데 어떤 일군들은 자신의 유익만을 구할뿐이다. 자기들의 안전과 평안만을 더 중요하게 생각하고 나의 말에 순종하지 않는단다."

"주님의 일을 한다고 하면서도 저의 생각이 앞서는 때가 많았어요. 주님이 부르지 않으셨다면 저는 탈란트를 숨기는 게으른 종이 될뻔했다는 것도 알아요. 이제부터는 주님께서 주신 성경말씀을 공부만 하지 않고 실천에 옮길 수 있도록 지혜와 믿음을 주세요. 문제는 하나님 일에 바쁘다보면 어떤 것에 순종을 못하는지도 깨닫지 못할 때가 있어요. 저를 용서하세요."

"너를 용서한다. 그런데 네가 아직도 여러면에서 알지 못하는 것들이 있어서 가르쳐 주는 거다. 자, 네가 오랫동안 성경말씀에 순종하지 않은 것이 무엇인지 깨닫니?"

소녀는 잠시동안 생각에 잠겼다. "아, 주님, 성경말씀에 '항상 기도하라' 하신 것을 실천하지 못한 것을 용서해

24 예수님과 걷는 길 3편

주세요. 주님께서 침묵기도로 부르지 않으셨다면 사역에만 바빠서 주님과 시간을 같이 보내는 것을 잊어버리고 저의 힘으로만 사역을 하려고 했을 거예요. 주님과 시간을 보내야 성령님의 지혜와 힘으로 사역을 할 수 있다는 것조차 모르는 상태까지 갔어요. 기도의 시간을 매일 규칙적으로 가지며 주님과 사랑의 교제의 시간을 보내도록 성령님께서 특별히 지도해 주시기를 구합니다. 침묵기도 시작하기 전에는 사실 주님이 저를 보고 계시다는 것은 느꼈지만 주님의 마음을 깨닫지도 못한 채 제가 영적으로 기진맥진하고 아파서 죽어가는 상태가 되었다는 것도 모르고 있었어요."

"나의 사랑하는 딸아, 너 자신을 잘 보았다. 나를 위해서 일하는 일군들이 일은 열심히 하는데 나하고 시간을 보내지 않아서 나의 마음을 모르고 영적인 힘을 공급을 받지 못해서 약해진 사람들이 많다. 내가 맡겨준 사역을 자기들의 힘과 생각대로 하려고 하니 문제가 생기지. 나와 시간을 보내지 않으면 어떻게 나의 비전과 계획을 이야기하겠니? 나의 음성을 들으려고 침묵가운데 기다리지 않으면 어떻게 나의 깊은 사랑을 알 수 있겠니? 나에게 오지 않으면 어떻게 치유를 받을 수 있겠니?"

그녀는 주님의 말씀에 동의했다. "주님, 제멋대로 시간을 낭비하고 기도를 소홀히 한 것을 용서하세요. 앞으로는 기도에 더 힘쓰고 당신의 사랑의 음성을 듣고 원하시는 사역을 할 수 있게 성령님의 도우심을 간구합니다."

"네가 오랫동안 기도를 소홀히 한 것을 용서한다. 나의 은혜로 너를 침묵기도를 하라고 불렀단다. 네가 침묵기도의 중요성을 이해하는 것도 축복이다. 나의 일군들이 일에 바빠서 나에게 오지 않으므로 그들의 사역에 열매가 별로 없다. 이것이 조심해야 할 구덩이 중에 하나다. 영적 지도자들이 기도의 부족으로 빠진 구덩이에서 어떻게 나올지를 모르고 있단다. 그들이 자기들의 지혜를 나의 지혜보다 더 의지하고 있구나. 침묵기도로써 나의 음성을 들으려고 하면 내가 그들을 인도할 수 있지. 그런데 그들이 나의 음성을 듣지 않아서 바로 앞에 있는 함정도 보지 못한채 빠지니 슬픈일이지. 문제는 그런 구덩이에 빠지고도 자신들이 어디에 있는지도 모른단다. 오직 회개와 성령의 도우심으로 그곳에서 나올 수 있지."

"주님, 저도 그 구덩이에서 오랫동안 있었어요. 다시는 빠지지 않게 분별력과 지혜를 베풀어 주세요."

"사랑하는 딸아, 침묵기도 시간을 늘이고 나와 계속 사랑의 대화의 시간을 매일 가져라. 나를 따라오너라. 영적 지도자들이 쉽게 빠지는 다른 함정들을 보여주겠다."

주님의 손을 잡고 따라가면서 소녀는 노래를 부르기 시작했다. "주님, 당신을 사랑합니다. 당신과 사랑의 대화를 매일 나누어 당신을 기쁘게 할 수 있게 인도해 주세요."

주님의 자애로운 얼굴은 기쁨으로 환하게 빛났다.

"그래, 내가 너를 도와 줄거야."

4. 불순종의 구덩이

이번에 예수님께서 데려가신 곳은 방문이 뒤틀어져서 닫을 수 없는 방이었다.

"예수님, 왜 이문이 뒤틀어져 있어요? 저의 집이 이렇게 수리할 것이 많은지 몰랐어요." 소녀는 한숨을 쉬었다. 몸에서 힘이 전부 빠져 나가는 것 같았다. 왜 그렇게도 집안이 엉망진창일까? 문까지 뒤틀어져 있으리라고는 상상도 하지 않았기 때문이다.

"사랑하는 아이야, 아직도 수리할 것과 청소할 것이 있는 것은 바로 반항하는 너의 마음의 상태를 말하는 것이란다. 많은 나의 일군들이 너처럼 수많은 핑계로 시간낭비만 하고 있고 자기하고 싶은 일들만하고 나의 일을 할 생각은 하지 않고 있어."

"제가 바로 그랬어요. 주님이 무엇을 하라고 하시면 핑계거리만 찾으며 시간 낭비만 해왔어요."

"문이 틀에 맞아야 사용을 할 수 있지. 나의 마음을 이해하려면 너의 생각을 비우고 내 뜻에 순종하려는 마음이 있어야 해. 나의 일군들이 나의 마음을 이해하지 못하고 불순종의 구덩이에 빠져서 나를 따라오지 못한단다."

"어떻게 저의 반항심을 고칠 수 있을까요?"

"나의 사랑을 네가 이해하면 반항심도 치유되고 이 문도 정상으로 고쳐져서 달 수 있다. 그래서 네가 나의 깊은 사랑을 이해하기를 바란다."

"예수님, 저에게 당신의 깊은 사랑을 알게 해주세요. 그래서 다른 사람들에게 당신의 사랑을 알리고 싶어요."

"나의 깊은 마음을 알면 나의 사랑을 알게된다. 나의 자녀들이 나의 마음을 모르므로 내가 그들에게 사역을 하라고 불러도 그들은 자신을 바라보고 할 수 없다고 하고 있어. 그들에게 준 재능과 은사가 있는데도 그것을 잘 사용하지 못하고 있어. 오직 순종의 눈으로만 볼 수 있는 것들이 있단다. 순종은 나를 알게 하는 것이란다."

"주님, 순종하는 것이 왜 이렇게 어려운지요? 주님을 위해서 일을 하겠다고 결심하고 따라간 후에도 뒤틀어진 생각과 반항이 끊이지 않았어요."

"사랑하는 딸아, 네가 아직도 모르고 있는 것들이 많이 있다. 그러나 네가 침묵기도를 계속 하면 알게 될 것이다. 내가 너를 도와서 이 책을 쓰게 할 수 있는데도 너는 계속 반항심에 시달리고 있구나."

"정말 부끄러워요. 저의 마음을 꿰뚫어 보셨어요. 순종하려고 해도 힘이들어요. 바쁜데 왜 자꾸 나에게 다른 책을 쓰라고 하실까 하고 불평했지요."

"너에게는 아직도 너의 계획이 나의 계획보다 더 중요하다는 생각에 시달리고 있다는 증거다. 또 너의 초점이 내가 아니고 사역이라서 이런 일이 생기는 거란다. 나의 말에 순종하는 것이 너의 삶에서 가장 중요한 것이 되어야 한다는 것이 아직도 마음 깊숙이 새겨져 있지 않기 때문이다. 뒤틀어진 문은 많은 일군들의 문제야. 나를 위해서 일을 한다 하면서도 내 뜻보다는 자기들의 뜻대로 일을 하려고 해."

"주님, 바로 그것이 저였어요. 용서하세요."

"내가 너를 용서한다. 나의 마음을 알도록 이끌어주어 내가 원하는 것을 할 수 있도록 도와 주겠다. 순종은 사랑이야. 만약 네가 나를 사랑하면 순종을 하게되지. 그러나 순종하는 마음도 나의 깊은 사랑을 알기 전에는 생기지 않는다. 그래서 네가 침묵기도를 하는 것이 얼마나 중요한가를 알아야 한다. 그래야만이 나의 깊은 사랑을 알게 되고 순종하는 것이 차차 쉬워진단다. 불순종의 구덩이에 빠지는 일군들이 많아. 그들은 자신들의 삶을 나에게 온전히 주지 않았어. 자기들이 삶의 주인이지. 나와 시간 보내고 나의 말을 듣는데 관심이 없으면 나의 깊은 사랑을 이해하지 못하므로 내 뜻에 순종할 수가 없어. 불순종의 구덩이에 빠진 영적 지도자들은 회개하고 나오기 전에는 나를 따라올 수 없어."

"당신께 순종하겠어요. 앞으로는 제가 그런 구덩이에 빠지지 않게 제 손을 꼭 붙잡아 주세요."

주님은 웃으시면서 말씀하셨다. "사랑하는 딸아, 순종하려고 노력하고 있는 너를 보니 기쁘구나. 이제 그 구덩이에 빠지지 않도록 너의 은사를 사용해서 죽어가는 영혼들을 구원하는 작업을 해라. 오로지 내가 인도하는 대로만 순종하기를 원한단다. 너에 대한 계획이 있다. 그래서 전에 너에게 너의 미래의 계획을 나에게 달라고 하지 않았니?"

"저의 모든 계획을 내려 놓습니다. 순종할 수 있도록 주님의 깊은 사랑을 알게 해주세요. 당신의 뜻이 내 삶과 사역에서 이루어지기를 원합니다."

"다른 사람들에게 그들의 은사를 숨기지 말고 사용하라고 격려하라. 네가 하는 사역이 다른 사람들의 은사를 사용할 수 있는 기회를 줄 수 있다는 것을 알고 있지 않니?"

"예수님, 전에 알지 못했던 것을 배웠어요. 제 생각대로라면 절대로 문서 선교가 성장이 되지 않았을 거예요. 그러나 성령님께서 여러 사람들을 보내주셔서 책을 여러 나라 말로 출판하여 가난한자와 재소자들을 돕는 비전을 주심에 감사드립니다. 주님을 사랑하는 다른 자원봉사자들과 함께 일할 수 있는 기회를 주셔서 감사합니다."

"나의 자녀들이 자기들의 은사를 최대한으로 사용하도록 그들을 격려하고 나의 사랑을 알도록 침묵기도를 가르쳐라."

"사랑의 주님, 당신을 섬길 수 있는 기회를 주셔서 감사합니다. 당신이 원하시는 대로 많은 사람들에게 침묵기도를 가르치고, 주님의 사랑을 알려서 그들이 주님을 더욱더 사랑하고 은사를 최대한으로 사용할 수 있도록 격려할 수 있는 기회를 주세요."

"나의 사랑하는 딸아, 너의 뒤틀어진 문이 조금씩 고쳐지기 시작했다. 나와 시간을 보내면서 나의 깊은 사랑을 알고 순종하게 되면 너의 문이 고쳐질 것이다. 이제 네가 다른 것을 배워야 할 시간이다. 따라오너라."

5. 걱정과 두려움의 구덩이

예수님과 집을 떠나면서 소녀는 먼 길을 갈지도 모른다는 생각에 운동화를 신었다. 처음에는 편해서 좋다고 생각했는데 얼마안가서 발이 아프기 시작했다.

"예수님, 제가 이 운동화가 편하다고 생각해서 신었는데 발이 아파서 못 걷겠어요."

"나의 사랑하는 딸아, 네가 나와 걸을 때는 편한 신발을 신어야 먼 여행을 하는데 힘이 들지 않는단다."

소녀는 길가에 주저 앉아서 신발을 벗었다. "발이 아파서 더 이상 걷지 못하겠어요. 전에 이 운동화를 신었을 때 문제가 없었는데 왜 이런지 도저히 알 수 없어요."

예수님은 그녀 곁에서 물끄러미 쳐다보셨다. "너의 운동화로 인해서 생기는 문제는 영적인 문제란다. 내가 이 책을 너에게 써라고 해서 네가 순종을 하겠다고 시작은 했지만 바쁜데 할 수 있을까 하는 등의 걱정과 두려움에 마음이 무거워진 것이란다. 이 책을 네 힘과 지혜로 쓸 수 없다는 것을 알고 있지 않니? 어떤 작업도 내 도움 없이는 안된다는 걸 종종 잘 잊어버리는구나. 그러나 내가 도와주면 네가 못할 일이 없다."

"당신께서 저의 마음을 보셨습니다. 순종을 한다고 주님을 따라가려고 결정을 했지만 내가 해야 할 일이 많은데 이 책을 쓰다가 다른 일들을 못하면 어떻게 하나하고 걱정으로 시간을 낭비하고 있었어요. 제가 걱정을 한다고 되는 것도 아닌데 왜 주님께서는 바쁜 사람에게 일을 주실까 하는 생각만 자꾸 들었어요."

"나의 사랑하는 딸아, 나를 전적으로 의지하지 않는 영적 지도자들이 빠지는 구덩이가 이 걱정과 두려움의 구덩이란다. 나의 일은 너의 힘으로 하는 것이 아니라는 것을 알면서도 아직도 나의 힘과 능력을 의심하느냐? 걱정과 두려움의 구덩이에 빠진 사람들은 나에 대한 믿음과 신뢰가 부족한 사람들이야."

"예수님, 어떻게 이 걱정과 두려움의 구덩이에서 나올 수가 있을까요?"

"항상 나를 바라보고 산도 옮길 수 있는 믿음을 실천할 때 기적을 볼 것이다. 그럴 때 너의 마음에는 오직 기쁨과 평안만이 가득차지. 나의 일을 하면서도 네 생각대로 하려고 하기 때문에 걱정과 두려움이 생기는 것이란다."

"어떻게 해야 가벼운 마음을 가지고 당신을 따라 갈 수 있을까요?"

"너의 마음을 나에게 주려무나."

소녀는 그것이 이상한 질문이라고 생각했다. "제가 주님께 모든 것을 드리지 않았나요?"

"네가 말로는 네 마음을 준다고 했지. 실제로는 너의 마음을 걱정과 두려움에게 주고 있어. 그래서 내가 너의 마음을 달라고 한거야."

"당신께 저의 마음을 드립니다. 걱정과 두려움의 구덩이에서 저를 건져 주시고 주님의 평안과 기쁨으로 가득 채울 수 있도록 은혜 베풀어 주세요."

"나의 사랑하는 딸아, 우리의 아버지 집에 갈때까지 너의 마음을 나에게 주는 것을 연습해야 한단다. 마음을 준다는 것은 나를 가장 사랑하며 무엇보다도 나와 시간을 보내며 내가 원하는 것을 하는 것이다. 그렇게 하면 네가 나의 나라와 의를 구하게 될 것이다."

"어떻게 당신의 나라와 당신의 의를 구하는 것을 먼저 할 수 있나요? 제가 전심으로 그렇게 하고 싶어요."

"그러기 위해서는 나의 깊은 사랑을 알아야 한단다. 나의 깊은 사랑을 이해한다는 것은 내가 모든 사람들을 사랑하는 것으로 인해서 생기는 슬픔과 고통도 이해하는 것이란다. 그래서 나를 따라오려면 자기를 부인해야 한다는

것은 자기의 계획을 버리고 나의 계획을 따라야 한다는 것이란다. 그럴 때 사람들이 나의 나라와 나의 의를 구하는 것을 할 수 있단다."

"저는 걱정과 두려움에서 살고 싶은 마음이 없어요. 주님의 생각이 저의 생각으로 바꾸어져서 하나님의 나라와 의를 구하는 일을 하고 싶어요. 주님의 깊은 사랑을 더욱 더 알게 해주셔서 당신의 아픔도 이해하고 그것을 감당할 수 있는 사랑과 믿음을 주세요. 예수님, 이제 제가 무엇을 더 배워야 하지요?"

주님은 사랑의 눈으로 소녀를 바라보면서 말씀하셨다. "나에게 배우려고 하는 너의 마음이 나를 기쁘게 한다. 내가 너를 얼마나 사랑하는지를 네가 알기만 한다면 하는 마음이다. 내가 너를 너무 많이 사랑한단다. 네가 그것을 항상 기억하기를 바란다."

소녀는 기쁨이 넘쳐서 말했다. "저에게 주님을 마음과 정성과 뜻과 힘을 다하여 사랑할 수 있는 사랑을 주세요."

주님은 활짝 웃으셨다. "나를 더 많이 사랑하고 싶다고 하니 정말 기쁘구나. 네가 나의 깊은 사랑을 이해할 때 나를 진심으로 사랑할 수 있다. 그것을 가르쳐 주려고 침묵기도로 불렀으며 지금 너와 같이 걷고 있는 것이란다. 자, 이제 일어나서 함께 가자. 네게 가르쳐 줄 것이 많다."

소녀는 신발을 신고 걷기 시작했다. 그런데 운동화가 아주 편하고 꼭 맞는 것이었다. 소녀는 껑충껑충 뛰면서 환성을 질렀다. "주님, 이 운동화가 잘 맞아요. 이제는 하나도 아프지 않아요!"

주님도 만족하신 표정으로 말씀하셨다. "나의 사랑하는 딸아, 그것이 바로 순종할 때 주는 나의 싸인이란다. 순종하는데 초점을 두면 걱정과 두려움에서 해방될 수 있다. 너의 마음을 다른데 돌리지 말고 계속 나에게 주려므나. 내가 너를 치유할 수 있다. 걱정과 두려움의 구덩이에 빠진 나의 일군들이 나에게 그들의 마음을 주고 나를 섬기려고 따라온다면 평안을 얻게 될 것이라고 말해라. 걱정과 두려움의 구덩이에서 해방되는 길은 오직 순종밖에 없다."

소녀는 노래를 부르면서 예수님을 따라갔다. "저를 걱정과 두려움의 구덩이에서 나오게 해주신 것을 감사드립니다. 주님께서 저의 마음과 삶을 이끌어 주시고 다시는 이런 구덩이에 빠지지 않도록 굳센 믿음을 주세요. 당신을 사랑하며 기쁨으로 섬기며 따라가기를 원해요."

햇빛이 고요히 비치는 아름다운 숲에서 춤을 추는 소녀를 보는 주님의 얼굴은 기쁨으로 가득찼다. 주님도 소녀의 손을 잡고 춤을 추기 시작하셨고 새들도 춤추었다.

6. 영적 장님의 구덩이

예수님께서는 이번에는 소녀를 아주 크고 번잡한 도시로 데려가셨다. 한 장님이 걷고 있는데 그 뒤에 어떤 젊은 남자가 따라가고 있었다. 장님은 가끔 따라오는 남자에게 무엇인가를 가르치면서 가는 길을 지시하고 있었다.

예수님은 소녀에게 설명하셨다. "나의 사랑하는 딸아, 나를 위해서 일한다고 하는 지도자들도 영적 장님들이 많다. 그런데 그들은 자기들이 모든 것을 알고 있고 자신들의 지혜로 다른 사람들을 가르칠 수 있다고 생각하지. 그들이 지식을 가지고 있다고 생각해도 그것이 나에게서 온 것이 아니고 사람들의 지혜라는 것을 알지 못하지. 그들은 내 마음을 모른다. 그래서 장님 지도자들은 나를 따르는 진정한 영적 지도자들을 오히려 핍박한다. 장님이기 때문에 올바르게 볼 수가 없기 때문이지. 이런 사람들을 피하고 시간을 낭비하지 않도록 하라. 다른 사람들이 너를 이해하지 못한다 하더라도 실망하지 마라."

36 예수님과 걷는 길 3편

"예수님, 왜 그 젊은 남자는 장님을 따라가고 있다는 것을 모르는지요?"

"사람들이 성경을 잘 모르면 영적인 분별력이 없어. 그들은 나의 음성을 듣지 않고 사람들을 더 따르지. 장님을 따라가면 장님들이 빠지는 구덩이에 들어가게 된단다. 너도 전에 그랬던 것을 기억하니?"

"생각해보니 저에게도 그런 일이 있었어요. 주님을 따라가지 않고 사람들을 따라갔어요. 그 사람들은 제가 존경하는 사람들이었어요. 그들은 착하고 올바르게 살려고 노력했고 친절하고 저를 사랑으로써 대했어요. 그러나 그들은 하나님을 믿는다고 했지만 성경말씀을 다 믿지 않았고 지옥이 있다는 것도 믿지 않았어요. 그래서 그 사람들을 따라서 저도 지옥이 실제로 있을까 하는 의심도 가져 보며 믿음에서 떨어져 나간 때도 있었어요."

"이제야 그걸 보기 시작하는구나. 네가 나의 말을 믿지 않는 사람들을 가까이하고 나에게 관심을 두지 않을 때 그런 일이 생긴단다. 아무리 도덕적으로 바른 삶을 살고 있는 사람들이라고 해도 나를 모르고 나의 생명의 말씀을 믿지 않으면 영적 장님이 되는거다. 그들은 성경말씀을 믿지 않으므로 지옥이 있다는 것을 믿지 못하는 것이지. 사람들의 지혜로는 내 말을 이해할 수도 없고 믿을 수가 없지. 내가 왜 십자가에서 사람들의 영혼을 죄에서 구원하려고 그 고통을 당했겠니? 만약 지옥이 없다면 왜 내가 복음을 땅끝까지 전하라고 하겠니?"

"예수님, 죄송합니다. 좋은 행동을 하는 사람들도 영적인 장님이 될 수 있다는 것조차 저는 몰랐어요."

"사랑하는 딸아, 내가 너하고 나의 마음을 나누고 싶은 이유는 나의 자녀들이 나를 위해서 일한다고 말하면서도 영적인 장님들을 따라가고 있어. 그들은 인간의 지혜를 의지하고 나의 지혜를 의지하지 않아."

"저에게 영적인 분별력을 주세요. 그래서 제가 누구를 따라가야 하는지 알 수 있게요."

"아이야, 네가 따라 가야 하는 것은 사람이 아니고 나란다. 나에게 배우렴. 그러면 내가 너에게 다른 사람들을 가르칠 수 있는 지혜를 줄거야. 어떤 나의 일군들은 나의 말을 받아들이지 않고 믿지도 않아. 나를 위해서 일한다고 하지만 내가 가르친 것을 가르치지 않고 자기들 생각대로 가르치고 있어. 그래서 그들에겐 생명의 말씀이 없어."

"제가 어떻게 다른 사람들을 도와야 할까요?"

"복음을 전파하라. 내가 너에게 가르치는 것을 다른 사람들에게 전하라. 사람들이 미래를 준비할 수 있도록 가르쳐라. 사람들이 무엇을 믿었는가 또 어떻게 살았는가에 따라서 그것에 대한 심판이 있어. 그래서 네가 다른 사람들에게 자기들의 지혜를 의지하지 말고 나의 말에 순종하는 것을 가르치라고 하는 것이다. 어떤 사람들은 자기들의 지혜를 나보다 더 의지해. 너도 너의 지혜를 의지하면 내가 원하는 사람들에게 복음을 전할 수 없어."

"주님, 제가 장님 지도자에 대해서 무엇을 더 배워야 할 것이 있어요?"

"나의 사랑하는 딸아, 그 질문이 참 좋구나. 나와의 이 여정을 남들이 오해하더라도 실망하지 마라."

"당신 말씀이 맞아요. 어떤 사람들은 제가 왜 침묵기도를 해야 하는지를 이해 못해요."

예수님은 말씀하셨다. "내가 이미 알고 있다. 그래서 앞으로는 개인적인 멘토를 하지 말고 성령의 음성에 순종해야해. 시간이 별로 없다. 다른 사람들을 멘토하려고 하면 나와 보낼 시간을 빼앗아가게 되고 너의 침묵기도에 방해가 된다. 사람들을 네 뜻대로 도우려고 하지 말고 나의 음성을 들으려고 내 앞에서 기도하며 매일 예배를 드리고 나의 음성을 듣는 시간을 더 늘려라. 나에게 순종하면 너의 모든 것을 다 돌보겠다. 그러나 네가 사람들을 나보다 더 기쁘게 하려고 하다 보면 장님을 따라가는 것이 된단다. 영적 장님들은 구덩이에 빠져 있고 그들의 말을 듣고 따라가는 사람도 똑같이 구덩이에 빠지게 된단다."

"예수님, 장님들이 빠지는 구덩이에 대해서 더 말씀해 주세요."

"이 구덩이는 사람들이 나보다 사람들을 더 기쁘게 하려고 애쓰며 또 사람을 의지할 때 빠지게 된다."

"지금 제가 그 구덩이에 빠져 있나요?"

"네가 지금은 그 구덩이에서 나와서 나와 걷고 있단다. 그렇지만 네가 한동안 그 구덩이에 있었지."

"잘 기억을 할 수가 없네요."

"아, 네가 어떤 사람들을 나보다 더 의지하고 기쁘게 하려다가 그것을 인하여 오히려 상처를 받은 때가 있지."

"예수님께서 무슨 말씀을 하시는지 이해하겠어요. 그 당시에 주님에게 여쭈어 보지 않고 제 생각대로 사역하면서 사람들을 의지하고 그들을 기쁘게 하려고 돕다가 오히려 상처를 받았어요. 제가 사람들을 너무 믿고 의지 했다는 것이 잘못이었지요. 저에게 그들을 용서할 수 있는 마음을 주셔서 감사합니다."

"나의 사랑하는 딸아, 사람들을 도와줄 때 성령의 지시대로 따르면 된다. 그리고 다른 사람들을 도울 때 그냥 내가 너에게 맡겨준 것을 나눈다고 생각하라."

"이제는 다른 사람들을 돕는 것도 성령님의 인도하심을 따르겠어요."

"지금 네가 누구를 따라가야 한다는 것을 배우고 있는 과정이란다. 영적인 장님을 따라가지말고 가까이 하지도 마라."

"제가 영적 장님 같은 지도자들을 따라간 때가 있었는

데 그 당시에는 분별력이 없어서 그들이 잘못된지도 모르고 쫓아가서 문제가 생겼어요."

"나를 위해서 일한다고 하는 어떤 영적 지도자들도 장님과 같은 사람들이 있고 선한 양심이 없어. 그들은 나를 사랑하지 않고 자기들을 더 사랑해. 그들 자신 때문에 다른 사람들이 상처를 받는 것을 생각하지 않아. 그런 사람들을 멀리해라. 그런 사람들은 우리의 관계를 방해하고 너의 마음의 평화를 빼앗아가는 사람들이야."

"사랑의 주님, 제가 선한 양심을 갖도록 성령의 인도하심을 기도합니다. 또 장님 같은 지도자들을 의지하지 않고 미혹 당하지 않게 저의 손을 꼭 잡고 이끌어 주세요."

"나의 사랑하는 아이야, 나를 항상 바라보고 따라오너라. 그리고 내가 너에게 말하는 것을 용감하게 전하라. 그래서 그들이 나를 찾도록."

"제가 어떻게 해야 될까요? 주님이 원하시는 것에 순종하고 싶어요."

"예레미야 1:17~19절을 네 마음에 두고 내 말에 순종해라. '그러므로 너는 네 허리를 동이고 일어나 내가 네게 명령한 바를 다 그들에게 말하라 그들 때문에 두려워하지 말라 네가 그들 앞에서 두려움을 당하지 않게 하리라 보라 내가 오늘 너를 그 온 땅과 유다 왕들과 그 지도자들과 그 제사장들과 그 땅 백성 앞에 견고한 성읍, 쇠기둥, 놋성벽이 되게 하였은즉 그들이 너를 치나 너를 이기지 못하리니 이는 내가 너와 함께 하여 너를 구원할 것임이니라 여호와의 말이니라.'"

소녀는 고개를 흔들었다. "저에게 주시는 이 성경말씀은 다른 사람들과 문제가 생길 것을 예견하는 것 같아요. 주님께서 제 마음을 아시잖아요. 저는 다른 사람들하고 싸우며 시간 낭비를 하고 싶은 마음이 전혀 없어요."

"나의 딸아, 너는 마음의 준비를 해야한다. 나의 지혜를 구하고 나를 의지하면 다른 사람들에게서 너를 보호하겠다. 네가 기도를 시작하지 않았니? 너의 영적인 싸움이 이미 시작되었단다. 그래서 기도를 하면 할수록 나의 지혜와 나의 힘으로 싸우게 되는 것이란다. 나를 믿고 나의 뜻을 사람들과 나누어라."

"저의 삶을 다 드리지 않았나요? 당신의 영광을 위해서 써달라고 하지 않았어요? 당신의 뜻이 저의 삶에서 다 이루어 지기를 원합니다."

"그래, 내가 무엇을 말하려고 하는지를 네가 조금 이해를 하기 시작했다. 나의 마음을 너와 나누고 있단다. 그러나 계속 교만마귀를 조심하라."

"예수님, 경고해 주셔서 감사합니다. 당신에게 모든 영광을 드립니다. 겸손한 마음을 갖게 분별력과 지혜를 주세요."

7. 편견의 구덩이

예수님은 소녀와 걸으시면서 말씀하셨다. "나의 사랑하는 딸아, 네가 쓰는 이 책을 축복하겠다."

"당신의 사랑과 축복에 감사드립니다. 저에게서 더 원하시는 것이 있는지요?"

"아이야, 너의 침묵기도의 시간을 더 가져라. 다른 사람들이 무엇이라 말하든 나의 말을 들어라. 너를 이해하지 못하는 사람들로부터 보호하겠다. 이제 너의 마음을 청소할 시간이다. 너의 마음을 청결하게 하라."

"어떻게 저의 마음을 청결하게 할 수 있는지요?"

"내가 전에 모든 젊은 사람들을 너의 사랑하는 아들과 같이 생각하라고 한말을 기억하니?"

"네, 주님, 기억해요. 무슨 말씀을 하시려고 하세요?"

"내가 모든 세상 사람들을 사랑한다는 것을 알기를 원

한다. 너무나 사랑해서 나의 목숨까지도 주었다. 너도 나처럼 모든 사람들을 사랑하여라."

"그런면에서는 저에게 도움이 필요해요. 어떻게 주님께서 원하시는 대로 모든 사람들을 사랑할 수 있어요?"

"나의 사랑하는 딸아, 어떻게 마음이 청결해 질 수 있느냐를 물었지? 그것은 너의 사역을 한 장소에만 한정을 두지 말라는 것이란다. 내 뜻대로 사역을 하려면 마음의 문을 더 열어야 한단다. 네가 사역하고 있는 교도소 사람들만 문서 선교로 도우려고 생각하고 있을 때 내가 너에게 비전이 너무 작다고 하지 않았니? 너의 비전이 나의 비전이 되어야 마음이 청결해 질 수 있어."

"저는 아직도 저의 마음의 청결과 세상 사람들을 사랑하는 것과 어떻게 상관이 있는지를 잘 모르겠어요."

"그 이유는 네가 나의 사랑과 깊은 마음을 알지 못하기 때문이다. 모든 세상 사람들을 사랑하는 것을 배우는 것이 곧 나의 깊은 마음을 알게 되는 시점이란다. 나는 모든 사람들을 사랑해. 그런데 너의 초점과 관심은 너의 자녀와 네가 사역하고 있는 곳이지. 그것이 변화되기 전에는 나와 같은 사랑을 가질 수가 없어. 사랑은 실천이 따라야 되. 너는 편견을 가지고 있어. 네가 사랑하려고 하는 사람들을 미리 결정하고 그 사람들만 사랑하려고 하고 있어. 그 생각을 바꾸기 전에는 너의 마음이 청결할 수가 없어."

"아, 저에게 모든 사람들을 사랑하고 배려하는 것이 필요하다는 것을 가르쳐 주시려고 하시는군요?"

"그렇지. 그러나 나의 마음을 이해하는 것만으로는 부족해. 너의 사역의 비전이 현재 하고 있는 곳을 넘어서서 열방을 향한 기도와 열방을 선교지역으로 삼아야 한다는 거지. 너에게 마음이 청결해야 한다는 부분은 아직도 너의 생각으로만 사역의 비전을 세우고 있다는 것이야."

"제가 생각지도 못했던 것을 알려주시네요. 제가 편견이 있다는 것조차 몰랐어요. 이제야 무슨 말씀을 하시려고 하는지 알았어요. 주님이 원하시는 대로 섬기려면 열방의 사람들을 위해서 기도하고 열방을 향해 선교의 비전을 가지고 계획을 세울 수 있는 사람이 되어야 한다는 것을 가르쳐 주시는군요. 왜 그것을 이해하는 것이 이렇게 힘이 드는지요?"

"그것은 너의 이기심 때문이고 비전이 작기 때문이야. 네가 나의 마음을 가지고 싶다고 했는데 내가 세상 모든 사람을 사랑한다는 것을 아는 지식이 부족해. 나의 사랑과 비전을 가지고 사역을 할 때 다른 사람들을 영적으로 돕고 복음의 씨를 더 많이 뿌릴 수 있어. 네가 청결해야 된다는 것은 편견에서의 자유가 있어야 땅끝까지 전도할 수 있다는 것이다. 내가 십자가에서 고난을 당한 것은 모든 사람들을 위한 것이지 어떤 사람들만 위한 것이 아니야. 너의 편견이 나의 뜻을 방해한다는 것을 알아야해."

"아, 이제 조금 이해가 가네요. 주님께서 저를 사역을 하라고 부르셨을 때에는 저는 미국 사람들에게만 선교하라고 부르신 줄로 알고 또 저도 그것을 원했어요. 그런데 저에게 미국 사람들뿐만 아니라 한국 사람들과 함께 일하는 것을 원한다고 말씀하셨을 때, 저는 한인사회에서 오랫동안 살지 않았고 한인들이 편견이 많다는 것을 생각하고 그들과 같이 일하고 싶은 마음이 전혀 없었어요. 그것도 저 자신의 편견이었다는 것조차 몰랐어요. 그런데 주님께서 한인들과 교도소 선교와 문서 선교를 같이 하게 하신 후 그것이 큰 축복이었다는 것을 깨달았어요."

"나의 사랑하는 아이야, 이제야 내 마음을 좀더 이해하는구나. 영적 지도자들이 이 편견의 구덩이에 빠져서 비전이 작은 사람들이 많아. 그들은 자기들이 원하는 것 외에는 아무런 관심이 없어. 내가 무엇을 그들에게서 원하는지도 모르고 말이야. 어떤 영적 지도자들은 자신들의 사역을 한정을 시키고 있어. 그래서 내가 비전이 큰 선교사들을 그들의 교회에 보내도 끄떡도 하지 않아. 왜냐하면 그들은 자기들이 원하는 사역을 계획하고 자기들의 뜻대로만 하고 있어. 너의 마음의 문을 열고 내가 바라는 것을 해라. 그러면 내가 너의 선교의 문을 넓게 열어줄 것이다. 그러나 먼저 내가 얼마나 사람들을 사랑하는가를 알고 그 사랑으로 사역을 해야만 큰 비전을 가지고 일할 수 있어. 그래서 전에 너에게 모든 젊은이들을 너의 아들과 딸과 같이 사랑하라고 한 것이다. 나는 네가 너의 자식들에게 가지고 있는 특별한 사랑으로 모든 사람들을 사랑하기를 원해. 그들이 영적으로 침체될 때 그들을 위해서 눈물을 흘리며 사랑과 긍휼로써 기도해 주기를 원해. 그럴 때에 너의 선교의 비전이 커지고 내가 원하는 것을 할 수 있게된다."

"사랑이 많으신 주님, 당신이 원하시는 대로 모든 사람들을 제 자녀들에게 가진 사랑으로 대할 수 있기를 원합니다. 그런데 어떻게 당신이 원하시는 사랑과 비전을 가질 수 있는지요?"

"계속 침묵기도에 힘써라. 그러면 나의 사랑과 비전을 알게 된단다. 나의 음성을 들으면서 너에게 열방을 선교하라는 비전을 주었다는 것을 알고 실천하고 순종을 해야 해. 그러면 나의 사랑과 비전이 너의 것이 될 것이다. 나의 일군들이 편견의 구덩이에 빠지는 이유 때문에 자기들의 선교를 한정 시키고 있어."

"주님, 용서하세요. 저는 그것이 잘못이라는 것조차 몰랐어요. 당신께서 한인 재소자 한 사람을 구원하기 위해서라도 한국에서 문서 선교를 시작하겠느냐고 물어보시지 않으셨다면, 한국에서 변화 프로젝트를 시작할 생각도 못했을 거예요. 그것을 시작함으로 인해서 복음의 씨를 뿌리게 하시고 또 믿음 있고 헌신적인 한인들과 선교할 수 있는 문을 열어 주셔서 감사합니다."

"내가 너를 용서한다. 모든 사람들을 사랑하는 사람들은 나의 말을 들으므로 큰 비전을 가지고 선교의 제한을 두지 않고 있어. 교회 안에서도 다른 사람들에 대한 편견이 선교를 막는 일이 있어서 하는 말이란다. 편견을 청소하는 작업도 네가 하려므나. 그러나 그것을 하기 전에 너의 마음이 먼저 깨끗하게 청소가 되어야 다른 사람들을 도울 수가 있으므로 내가 너를 훈련을 시키고 있단다."

"교도소 선교를 시작한 후에 미국교회의 성도들이 왜 교도소 선교에 관심이 없는가에 대해서 전혀 이해를 할 수 없었어요. 그런데 한인들도 어떤 사람들은 재소자들에 대한 편견을 가진 사람들도 있다는 것을 알게 되었어요. 왜 믿는 사람들도 편견을 가지게 될까요?"

"편견이 깨져야 나의 일을 더 할 수 있다는 것을 모르기 때문이란다. 모든 족속으로 제자를 삼아서 가르치라는 성경말씀이 모든 사람들에게 적용되는 것이란다. 그런데 선교를 자기들의 생각대로 결정하고 자기들이 관심있고 원하는 사람들에게만 하려하니 비전이 작고 많은 죽어가는 영혼들을 구원하는 일을 하지 못하는거야."

소녀는 말했다. "아, 주님, 그 성경말씀은 잘 알고 있어요. 그러나 그 말씀을 저의 사역에 적용을 시키지 않았어요. 제 마음의 문이 열려있지 않았어요."

"나의 사랑하는 아이야, 네가 이제 배우는구나. 나의 일군들이 자기들의 안전과 평안에 더 초점을 두고 내가 하라고 하는 것에는 마음을 주지 않기에 이 구덩이에 빠지지."

"주님, 제가 그런 사람이었어요. 사역을 제 마음대로 계획한 것을 용서하세요. 주님, 이제야 왜 제 마음이 청결해야 한다는 말씀을 이해하겠어요."

"마음이 청결하면 편견이 있을 수 없고 모든 사람들을 사랑하게 된다. 마음이 청결한 자는 복이 있나니 그들이 하나님을 볼 것이다. 모든 사람들을 사랑하는 사람들은 마음에서도 만날뿐아니라 다른 사람들을 통해서도 하나님을 볼 수 있는 기회가 올 것이다."

"저의 마음을 깨끗하게 해주세요. 그리하여 주님께서 원치 않는 편견을 말끔히 치워 주세요."

"그래, 이 배움은 무척 중요한 것이다. 앞으로 더욱 많은 사람들에게 선교를 하라고 할 때 순종하거라. 나의 일군 중에도 비전이 작은 사람들과 이 편견의 구덩이에 빠진 사람들이 많단다. 그런 사람들은 다른 사람들을 판단하는 죄에 빠진 것뿐만이 아니라 그들이 영적 지도자일 때는 나의 양들이 사역할 수 있는 길까지도 막고 있어. 그들이 그 구덩이에서 나와서 나의 복음을 전하도록 나의 깊은 사랑을 모든 사람에게 전하라."

"사랑하는 주님, 당신을 기쁘게 해드리고 싶어요. 순종하겠어요. 당신의 사랑과 비전 그리고 용기를 가지고 깨끗한 마음으로 모든 사람들을 사랑하며 주님의 사랑의 복음을 많은 사람들에게 알릴 수 있도록 문을 열어주세요."

8. 돈 사랑의 구덩이

어떤 마을을 지나가는데 소녀는 은행에서 한 사람이 강도질을 하고 도망갔다는 뉴스를 들었다. 그런데 알고 보니 소녀의 친척 중에 한 사람이 그런 범행을 저질렀다는 것이었다. 그 소식은 그녀에게 충격을 주고 슬프게도 했다. 어떻게 해서 강도질을 했을까? 마음이 아팠다. 그런데 그 강도질 한 사람이 소녀를 찾아와서 아무런 일도 없었던 것처럼 반가워하며 가방에서 돈을 꺼내어 필요한데 사용하라고 하는 것이었다.

그녀는 고개를 흔들면서 뒤로 물러서서 절대로 그 돈을 받을 수 없다고 말했다. "은행에서 돈을 훔쳐갔다는 소리를 들었어요. 지금이라도 당장 경찰에 자수해요. 언젠가는 붙잡히게 될 테니 더 이상 기다리지 말아요."

그 남자는 실망한 얼굴로 아무말 하지않고 고개를 흔들면서 떠나버렸다. 소녀는 눈물을 터뜨렸다. "주님, 왜 그는 내 말을 이해하지 못할까요? 어떻게 그를 도와야 할지 모르겠어요."

예수님의 눈은 슬픔으로 가득찼다. "나의 사랑하는 딸아, 그것이 어떤 나의 자녀들의 영적인 상태란다. 사람들이 나보다 돈을 더 사랑하고 내 일군들도 돈을 사랑하여 나를 떠나 멸망의 길로 간 사람들도 있단다. 참 슬픈일이지. 이것이 사람들이 돈을 나보다 더 사랑해서 빠지는 구덩이야. 이 함정에 빠진 사람들은 사람들에게서만 도둑질을 하는 것이 아니라 하나님에게서도 도둑질을 한단다."

소녀는 눈을 크게 뜨고 말했다. "주님, 사람들이 어떻게 하나님께 도둑질을 해요. 도저히 상상할 수 없어요?"

주님은 한숨을 쉬면서 말씀하셨다. "사람들이 내가 세상을 창조했고 그들을 만들었고 그들에게 재능과 시간과 물질을 주었다는 것을 잊고 있어. 그들에게 준 것들은 하나님의 나라를 위해서 사용하라고 주었다. 그런데 그들은 내가 원하는 것에 대해서는 관심이 전혀 없고 자신들만을 위해서 사용하고 있지. 내가 준 것에 감사하는 마음도 없고 내가 맡겨놓은 것을 자신들의 것이라고 생각한단다. 내가 원하는 것은 그들이 내 사랑을 이해하고 나를 전심으로 사랑하는 것이다. 그러나 돈을 사랑하는 사람들은 나를 사랑할 수 없어. 나의 사랑을 알려면 그들이 나를 찾고 만나려는 간절한 마음이 있어야 해. 그러면 나를 만나게 되고 나의 사랑을 알게되지. 그런데 내가 준 삶을 자기

멋대로 사용하고 오히려 나를 우습게 생각하고 비웃는 사람도 있단다. 그러니 내가 준 것을 나를 위해서 사용하지 않는 자들은 나에게서 도둑질을 하는 사람들이다. 그러나 나는 계속 그들이 나에게 오기를 기도하면서 기다리고 있지. 네가 할 일은 내가 세상 모든 사람들을 사랑한다는 것을 알리는 것이다. 그래서 그들이 나를 어떻게 사랑하는가를 배워서 그들의 재능과 물질, 그리고 시간과 생명을 바쳐서 나의 나라를 위해서 일을 해야 한다는 것을 너는 가르쳐야 한다."

"저의 죄를 용서하세요. 오랫동안 사역을 하면서도 주님이 저에게 무엇을 원하시는지를 진정으로 생각해 본적이 없었어요. 저도 주님께 도둑질 한 것이 많다는 것을 알게되니 그저 부끄럽네요. 저의 생각대로 살아온 것을 용서하세요. 이제 저에게서 무엇을 원하시는 지요?"

"사랑하는 딸아, 너를 용서한다. 내가 가장 원하는 것이 네가 나와 시간을 같이 보내는 것이란다. 내가 너를 사랑하기 때문이다. 내 자녀들이 나와 시간을 보내고 찬양으로 나를 기쁘게 하고 나의 사랑을 알게 되는 것이 나를 기쁘게 한단다. 너의 시간을 나에게 주면서 나를 경배하는 시간이 너의 마음을 내게 주는 것이고 나를 사랑하는 것이란다. 그렇게 될 때 너에게 맡긴 것들로 어떻게 나의 나라를 위해서 사용할 수 있는지를 가르치겠다."

"당신께 예배를 드리고 찬양드리는 것이 저에게는 정말 즐거운 시간이예요. 전에는 왜 성령님께서 자꾸만 기도를 하라고 하시는지를 잘 이해 못했어요. 그런데 주님께서 침묵기도를 시작하라고 하신 후 저는 주님과 시간을 보내는 것이 정말 즐겁고 행복한 시간이라는 것을 알게 되었어요. 제가 교도소에서 예배를 인도할 때도 행복하지만 주님과 보내는 시간은 더 큰 행복감을 느껴요. 주님께서 예배 시간을 그렇게도 기뻐하시는 지를 몰랐어요."

"사랑하는 딸아, 너의 예배는 나의 정원에 아름다운 꽃의 향기란다. 나를 경배하는 시간이 너에게는 나의 향기로운 꽃밭에서 나와 같이 걷는 것이란다. 그래, 교회에서 예배 인도하는 시간에만 나를 찾는 것이 아니고 매일의 삶 속에서 예배를 통하여 나를 만나는 기쁨을 다른 사람에게 이야기해 주려므나. 내가 나의 영광을 드러내기 위하여 사랑으로 사람들을 창조했어. 그것을 알면 너의 침묵기도의 시간이 조금도 아깝지 않을거야."

"예수님, 저는 절대로 당신과 지내는 시간이 아깝다고 생각하지 않아요. 제가 오랫동안 당신과 시간 보내는 것을 소홀히 한 것을 용서하세요. 주님을 더 가까이하고 사랑하며 알기를 원합니다. 저에게 주신 모든 것을 당신의 영광을 위해서 사용할 수 있도록 은혜를 베풀어 주세요. 이제 무엇을 제가 더 알기를 원하세요?"

"딸아, 네가 알아야 할 것은 시험에 빠져서 너만을 위해 물질을 사용하지 말고 성령께서 인도하는 대로 사용하고 돈과 자신을 나보다 사랑하는 구덩이에 빠지지 않도록 주의하라. 또 다른 사람들에게도 이것을 가르치고 경고하라. 도둑질한 돈을 세느라고 구덩이에 빠진 것도 모르는 사람들이 있어. 구덩이에 빠지면 그 돈을 사용할 수도 없다는 것을 생각하지 못하고 계속 돈을 움켜지고 가난한 사람들을 돕지않아. 그러다 그곳에서 죽는 사람들이 있어."

"제가 주님보다 돈을 더 사랑하지 않도록 손잡아 이끌어 주세요. 당신을 가장 사랑하는 것에 초점을 두고 섬기게 해주세요. 저를 당신의 빛의 길로 인도해 주세요."

9. 잡음의 구덩이

"사랑하는 아이야, 나의 사랑과 자비와 나의 아픔까지도 이해할 수 있는 사람을 찾고 있단다. 그런 사람들은 다른 사람들의 아픔도 알 수 있고 도와줄 수 있단다.”

"제가 무엇을 어떻게 하는 것을 원하세요?"

"계속 가난하고 어려운 환경에 있는 사람들과 복음을 듣지 못한 사람들에게 복음을 전파하라. 그래서 너의 책들이 여러곳으로 갈수 있도록 선교의 범위를 넓혀라. 그러나 네가 다른 사람들의 아픔을 알기 전에는 그들을 도울 수 없다."

"어떻게 사람들의 아픔을 더 이해할 수 있을까요?"

"계속 침묵기도에 힘쓰면 내가 너에게 다른 사람들의 아픔을 이해하도록 도와 주겠다. 사람들이 많은 잡음속에서 살고 있으므로 나의 음성을 듣지 못하고 나의 마음을 알 수 없다. 나를 따라와라. 보여줄 것이 있다."

예수님께서 소녀의 손을 잡고 데려가신 곳은 시끄러운 음악과 TV 소리가 나오는 구덩이였다. 그곳에서 사람들이 음악에 맞춰서 춤을 추는데 너무 시끄러워서 도저히 사람들이 이야기를 주고 받을 수 없는 상황이었다. 한구석에서는 배가 고파서 구걸을 하는 사람들과 땅바닥에서 죽은 사람같이 누워있는 사람들도 있었다. 어떤이는 아파서 신음하며 울고 있지만 너무나 음악소리가 커서 아무도 못듣는 것이었다.

"어떤 나의 일군들은 세상적인 음악과 잡음에 취해서 세상의 즐거움만 추구하고 나의 음성을 들으려고 하는 않는다. 그래서 세상에서 배고프고 굶주리고 아파서 죽어가고 있는 사람들의 신음소리를 듣지 못하고 있단다."

"저도 사실 그런 사람중의 한 사람이에요. 다른 사람들의 아픔을 생각하기보다는 저의 필요한 것, 저를 기쁘게 하는 것들만 생각했어요. 용서하세요."

"내가 너를 용서한다."

"예수님, 왜 저 같은 사람에게 하나님의 마음에 대해서 써라고 하시는 지요?"

"이것은 너의 기도의 응답이란다. 네가 나에 대한 사랑을 가지게 해달라고 기도하지 않았니? 나를 더 사랑하기 위해서는 나의 마음을 알아야 하기 때문이다. 나의 마음을 안다는 것은 내가 아프고, 고통속에서 신음하고, 가난한 사람들을 얼마나 사랑하는지도 알아야 한단다."
"얼마전에 저에게 저의 마음을 달라고 하셨는데 그 당시에는 이해를 못했어요. 이제 조금 이해 할 수 있을 것 같아요. 당신의 도움이 아니고는 다른 사람의 아픔도 당신의 사랑도 이해할 수 없으니까요. 제가 주님과 시간을 보내는데 방해되는 것이 없도록 이끌어 주세요. 그리고 어떤 일을 하든지 주님을 기쁘게 하고 싶어요."
"나와 시간 보내는 것에 방해되는 것을 잘 극복한다면 내 마음을 알게 된단다. 내 마음을 이해하면 순종하는 것이 쉬워지지. 나의 음성을 들으려고 노력하라."
"어떻게 해야 주님의 음성을 더 잘 들을 수 있나요?"
"나와 보내는 시간을 늘리고 침묵기도를 계속하면 들을 수 있고 나의 마음을 알게되. 어떤 나의 일군들은 세상의 잡음과 쓸데없는 음성들에 더 관심을 가지고 나의 음성을 들으려고 하지않아. 그래서 그들은 내가 원하는 것을 알지도 못하고 할 수도 없어. 내가 하라고 하는 것만 하면 모든 것이 순조롭게 된단다."
그녀는 이제 예수님께서 무슨 말씀을 하시는지를 조금 더 알 수 있는 것 같았다. "사랑의 주님, 당신의 깊은 사랑과 인내와 은혜에 감사드립니다. 제가 오랫동안 다른 사람들의 음성과 저 자신의 음성을 듣는 데에만 마음을 썼어요. 이제는 주님께서 왜 제가 좋아하는 찬송도 예배시간외에는 끄고 주님의 음성을 듣는 것을 연습시키시는 지를 이해하겠어요. 이제 주님의 음성 듣는 것을 방해하는 것들은 제지해야 함을 배웠어요."

"사랑하는 아이야, 나의 영광의 얼굴의 빛을 바라보려고 노력하면서 따라오너라. 내가 너를 인도하겠다."

10. 사람 사랑의 구덩이

조용한 햇빛이 비치는 아름다운 숲속을 소녀와 예수님과 걸어가고 있었다. 그런데 어디선가 울음소리가 들려왔다. 길가에 있는 깊은 구덩이에서 들려오는 것이었다.

어떤 여자의 목소리가 울려왔다. "주님, 제가 당신을 따라가지 못한 것을 용서하세요. 당신을 섬기고 싶었지만 여러가지 문제가 생겼어요. 저의 어머니를 잃어버린 후에 도저히 당신이 원하는 것을 할 수 없었어요. 그 후 돈 문제도 있었고 아이들에게 제가 더 필요했어요."

그 여자의 처참한 울음소리와 함께 또 다른 곳에서 여러 사람들의 목소리가 들려왔다. 소녀는 물었다. "주님, 제가 한 여자만 보는데 왜 여러가지 음성이 들려오나요. 이산에 여러 사람들이 있는 것 같아요."

"나의 사랑하는 딸아, 이산을 시험의 산이라고 한단다. 이산에는 나를 따라오겠다고 했으나 시험이 왔을 때 이기지 못하고 깊은 구덩이에 빠진 사람들이 많단다."

소녀는 놀랐다. "그들이 구덩이에서 나올 수 있나요?"

"모든것이 가능하다. 그들이 회개하고 성령의 지시를 따르면 나올 수 있단다."

"그럼 왜 이 여자는 나오지 못하나요?"

"이 여자는 자신의 가족을 나보다 더 사랑해서 항상 할 수 없다고 말만해. 자신의 가족을 나보다 더 사랑하는 자들은 나를 따라올 수 없어. 나를 따라오는 자들은 자신의 계획보다는 내 계획을 따르고 내가 원하는 것을 해야되. 이 여자는 말로만 용서해 달라고 하고 실제로는 그곳에서

나와서 나와 같이 걸을 생각도 하지 않아. 그래서 항상 자신이 사랑하는 사람들에게만 초점을 두고 나를 따를 준비가 되어 있지 않아. 이 여자는 아프리카에 선교사로 부름을 받았어. 지금이라도 늦지 않았어. 다만 짧은 기간이라도 순종하면 선교를 할 수 있는데 그것조차도 순종할 마음이 없어. 그래서 구덩이에서 있는 것을 더 편하게 생각하고 나오려고 하지 않고 있어. 매일 자기가 해야 할 일을 못했다고 슬퍼하면서도 정작 할 수 있는 환경이 주어졌는데도 실천을 못하니 안타까운 일이지."

"주님, 이런 구덩이에 빠지기가 아주 쉬운 것 같아요."

"얘야, 전에 너도 이런 구덩이에서 오랜 시간을 보냈는데 그걸 알고 있니? 자, 그곳으로 가보자."

예수님은 조금 더 걸어가시더니 한 구덩이를 보여주셨다. 그 안에서는 어린 여자 아이가 인형을 가지고 놀고 있었다. 가까이 가보니 그것은 소녀 자신이었다.

"제가 저를 보고 있어요. 그런데 왜 제가 그 구덩이에서 그렇게도 오랫동안 있었어요?" 소녀는 못 믿겠다는 듯이 고개를 흔들면서 말했다. "그땐 왜 그렇게 주님 따라가기가 싫었는지 이해할 수가 없어요. 부끄러워요."

"나의 사랑하는 아이야, 너를 방해한 것은 너 자신이었어. 너 자신을 나보다 더 사랑했어. 그러면 나를 따라올 수 없어. 그리고 네가 나를 위해서 일하는 것은 아무 소용없는 일이라고 결정을 했었단다. 내가 너에게는 중요한 사람이 아니었기 때문이지. 너는 말로만 너의 삶을 나에게 준다고 했지. 사실 너는 세상에 있는 것들을 더 즐기고 인형을 가지고 노는 것에만 큰 즐거움을 느끼고 너의 계획대로 사는 것만 원했어. 나를 따라오려는 생각은 전혀 없었어."

"용서하세요. 주님이 얼마나 저에게 소중한 분이란 것

을 몰랐기 때문에 당신이 따라오라는 것도 못 들은 척 했어요. 또 사역을 하는 사람들은 생각이 부족한 사람들이며 고생을 사서하는 사람들이라고까지 판단을 했었어요. 그래서 주님께서 저를 일하라고 부르셨을 때에는 하기 싫어서 눈물을 일년이나 흘렸어요. 제가 왜 인형들을 주님보다 더 사랑했는지 알 수가 없어요. 당신의 아름다운 마음에 반한 저는 이제는 주님만 따라가고 싶어요. 생각해보니 저는 눈에 보이는 것을 하나님보다 더 사랑했어요. 세준 집들을 고치고 일하는 것에 보람을 느끼고 주님의 음성을 들으려 하지 않았어요."

"보이는 것을 나보다 더 사랑하는 사람들이 빠지는 구덩이에 네가 빠진 거란다. 눈에 보이는 것을 사랑하다보니 내가 너에게서 무엇을 원하는 지는 생각을 하지 못했던거지. 그뿐아니라 나를 따르는 사람들이 무언가 잘못된 사람들이라고 생각한거지."

"용서하세요. 다시는 이런 구덩이에 빠지지 않게 지혜를 주세요. 주님만 따라갈 수 있도록 은혜를 베풀어 주세요."

"너를 용서한다. 나의 사랑하는 딸아, 이산에는 위험한 구덩이들이 많이 있는데 나의 자녀들이 그것을 모르므로 함정에 빠져서 나를 따라오지 못하므로 다른 사람들을 도와줄 수가 없어. 구덩이 안에 빠지면 오랜 시간이 걸려서 회개하고 나오는 사람이 있는가 하면 어떤 사람들은 아주 그곳에서 나오지 못하고 죽는 사람들도 있어. 문제는 나의 일군들이 그 구덩이에 빠진 후 쉽게 나올 수 있는데도 나의 말을 듣지 않기 때문에 어떻게 나오는지 모르는 이도 있다는 거지. 그래서 네가 사람들에게 이 위험한 구덩이에 빠지지 않도록 경고를 해라."

"당신께서 저에게 가르쳐주시면 다른 사람들에게 말하겠어요."

"눈에 보이는 것들은 잠시뿐이고 보이지 않는 영의 세계가 영원한 세계라는 것을 가르쳐라."

"당신의 은혜에 감사합니다. 저의 영의 눈을 열어주셔서 당신의 나라를 위해서 힘써 일을 할 수 있도록 가르쳐 주세요. 어떻게 해야 그렇게 할 수 있을까요?"

"사랑하는 딸아, 나에게서 눈을 떼지 말아라. 네가 다른 사람들과 너 자신과 세상을 나보다 더 사랑하게 되면 이런 구덩이에 빠지게 된단다."

"당신을 똑바로 바라보고 손을 꼭 붙잡고 따라갈 수 있게 해주세요. 다시는 세상을 주님보다 더 사랑하지 않겠어요. 주님을 누구보다도 무엇보다도 사랑합니다."

"나도 너를 사랑한다. 내가 너에게 가르칠 것이 많단다. 나를 따라와라. 더 보여줄 것이 있다."

11. 실망의 구덩이

얼마 걷지 않아서 길옆에서 어떤 사람의 한숨 쉬는 소리가 들려왔다. "난 더 이상 이 일을 할 수 없어." 그의 애처로운 음성은 골짜기에서 울렸다.

"나의 딸아, 이 구덩이에 빠진 사람들은 나를 위해서 일하는 것이 소용이 없다고 생각하는 사람들이란다. 나의 일군들이 나의 일을 하면서 어려움을 당할 때가 있지. 교회 사람들하고도 문제가 생기게 되어 있어. 그런데 이 남자는 문제만 바라보고 나를 바라보지 않아서 자신이 감당할 수 없다고 생각하고 나를 따라오기 보다는 자기의 생각대로 사역을 그만두려고 하는 거란다."

"이 사람이 어떻게 이 구덩이에서 나올 수 있어요?"

"나하고 기도로 시간을 더 보내고 나를 믿고 성령의 지혜를 얻어 문제를 해결하게 되면, 힘을 얻고 실망의 구덩이에서 나와 나를 따라올 수 있어. 아직도 그는 겸손하게 나만을 의지하는 것을 배우지 못하고 자신만을 의지하고 문제를 해결하려다 이 고통을 당하고 있는거야. 그러나 언제든지 그가 겸손히 나를 찾고 나를 온전히 의지하면 모든 문제를 잘 해결하고 이 구덩이에서 나올 수 있지. 사람들에게서 실망을 했다는 것은 사람들을 의지했다는 것이지."

"저도 사람들 때문에 실망한 때가 있었어요. 왜 사람들이 교도소 선교에 관심이 없을까 했는데 사실 저도 주님께서 교도소 선교를 하라고 부르지 않으셨으면 전혀 교도소 선교에 대해서는 알지도 못했고 관심도 전혀 없었을 거예요. 그런데 주님께서 제가 실망하는 것은 사람을 의지했기 때문이라고 하셔서 이제는 주님만 의지해요."

"네가 전에 어떤 사람들이 너를 도와주지 않는다고 실망한 때가 있었는데 내가 너의 사역을 도와주는 것이지 사람들이 하는 것이 아니라는 것을 기억해라. 내가 너를 도와 줄 수 있는 사람들을 계속 보내주겠다."

"감사합니다. 주님께서 지금까지 저와 같이 일할 수 있는 사람들을 보내주시지 않으셨다면 제가 문서 선교를 계속하지 못했을 거예요. 그런데 주님만을 의지하고 사람에 대해서 실망하지 않는 것이 왜 그렇게 힘든지요?"

"왜냐하면 사람들은 나를 의지하기보다는 눈에 보이는 것에 더 소망을 두기 때문이지. 믿음은 보이지 않는 것에 소망을 두고 꾸준하게 자기의 할 일을 해나가는 것이다. 그러나 나를 따라오면서 섬기려 할 때 어려움이 올 때가 있다. 또 사람들에게 사랑과 인정을 받는 것이 아니고 오히려 오해와 무시를 당할 때가 있어서 상처를 받는다. 그럴 때 나에게 와서 치유 받는 것을 배우지 않은 일군들은 고기를 낚는 그물을 버리고 나를 떠나서 실망의 구덩이에 빠져 버리는 사람들이 있어. 너는 그것을 명심하고 절대로 사람들을 의지하지 마라. 만약 조금이라도 사람에 대해서 실망하는 생각이 들면 나에게 와서 왜 그런 문제가 생기는지를 물어보고 내 말을 듣고 소망을 찾고 오히려 사역에 더 열중하기를 바란다."

"어떤 일이 닥쳐도 주님안에서 소망과 용기를 찾고 절대로 사람 때문에 실망하지 않게 해주세요."

"나의 사랑하는 딸아, 네가 성령의 음성에 귀를 귀울이면 어떤 사람들을 조심해야 하는지 경고를 받을 수 있단다. 나를 따라오며 섬기는 사람들은 내가 인도할 것이다. 네가 벌써 잊었니? 성령께서 너에게 여러 말씀으로 필요할 때마다 너를 인도하지 않았느냐?"

소녀는 생각에 잠겼다. 성령께서 어떤 일이 미리 일어날 것을 알게 해주시고 어떤 사람들은 멀리하라고 하신 때가 상기되었다. "예수님, 맞아요. 성령님께서 여러번 꿈으로 어떤 사람들이 나의 삶과 사역에서 문제를 일으킬 수 있다는 것도 경고를 하셨는데 꼭 그것이 맞았어요."

"그래, 사역을 하면서 또 너의 삶에서 성령의 음성에 귀 귀울이면 어려움을 피할 수 있는 길을 열어준단다. 문제를 일으키는 사람들도 네가 감당할 수 있는 사람들이 있고 없는 사람들이 있다. 가까이 하지 않아야 할 사람은 무조건 피해야만 네가 어려움을 당하지 않고 실망의 구덩이에 빠지지 않는단다. 실망이 커지면 절망적이 마음이 자라서 사역까지도 그만두게 되는 일도 생긴단다. 그것이 곧 사단이 원하는 것이지. 한 영적 지도자가 실망하고 사역을 그만두면, 교회에 많은 손실을 초래한다. 사람들이 교회안에서의 문제에 치중하다 보면 죽어가는 양들을 돌볼 수가 없어. 지도자를 의지하던 사람들도 실망을 하고 교회를 떠나서 멸망의 길로 가는 자들도 있단다."

"주님, 실망의 구덩이에 빠진 모든 사람들에게 회개와 치유를 구합니다. 그들이 당신만을 의지하게 해 주세요."

"성령께 순종하라. 그러면 네가 많은 사람들을 돕게되

고 기적을 보게 될 것이다."

"지금까지 저는 성령님의 기적을 많이 보았는데 더 볼 수 있기를 원합니다. 그런데 사역을 시작하기 전에는 기적을 본 기억이 별로 없어요. 왜 하나님의 능력을 체험하지 못하나? 왜 영적 부흥을 보지 못할까? 왜 교회가 생명이 없는 것 같은 느낌이들까? 왜 하나님의 임재를 예배에서 느끼지 못하는가? 그런 모든 질문들이 교도소 사역을 시작한 후에 대답을 찾았어요. 주님께 순종하지 않고 해야 할 일을 하지 않고 불순종의 길로 가고 있었기 때문에 영적인 부흥을 경험하지 못했고 또 어디에서 영적인 부흥이 일어나고 있다는 것도 몰랐어요. 『예수님과 걷는 길 1편』책을 쓰면서 주님이 저의 마음을 바꾸어 주셨어요. 이기적인 마음으로 살아 갈때는 앞으로 어떻게 하면 좀더 편안한 삶을 유지할까 하는 급급함과 걱정과 두려움으로 지냈어요. 그런데 주님을 따라서 사역을 시작한 후에는 영적인 부흥은 물론 성령님의 놀라우신 기적을 문서 선교를 통해서 보았어요. 사역을 하라고 불러 주셔서 감사합니다." 소녀는 주님을 경외의 눈으로 바라보았다.

예수님은 만족한 미소를 지으며 말씀하셨다. "나의 사랑하는 딸아, 내가 너의 기도에 응답했다. 너는 네가 보고 싶어하던 영적 부흥뿐아니라 나의 은혜를 많이 체험했다. 네가 은혜를 많이 받았으므로 이 책도 쓰고 있는 것이란다. 자, 아직도 이 책을 쓰기 싫어하는 마음으로 고심하느냐?"

"그런 마음이 이젠 없어요. 성령님께서 하루에 2시간씩 이 책을 써라고 하신 후에는 마음이 평안해 졌어요. 다음은 무엇을 가르쳐 주실까 하며 부푼 기대를 하게 되요."

"네가 이제야 조금 더 마음의 문을 열고 내가 원하는 것이 무엇인지를 이해하기 시작했다. 이제 내가 너에게 계속해서 가르쳐 줄 것이다. 나를 따라오너라."

12. 핑계의 구덩이

예수님은 소녀의 손을 잡고 숲속을 걸으셨다. 그런데 얼마안가서 울음소리가 들려왔다. "나는 할 수 없어요." 그 음성은 흐느끼는 소리로 바꾸어져서 메아리를 치는 것 같이 들려왔다. 소녀는 그 소리가 가까운데서 들리는 것 같아서 가보니 깊은 구덩이에 한 여자가 얼굴을 손으로 가리고 어깨를 들썩이며 울고 있었다. 그 여자는 할 수 없다는 말을 계속 되풀이 하고 있었다.

예수님은 안쓰러운 얼굴로 소녀를 바라보았다. 주님은 슬픔이 가득찬 눈으로 한숨을 쉬시더니 말씀하셨다. "이 구덩이에 빠진 사람들은 나를 사랑한다고 하며 나의 일을 하겠다고 말만하는 사람들이란다. 일을 시작하기도 전에 여러가지 핑계로 하지 못한다고 하는 사람들이다."

"저도 이 구덩이에 오랫동안 빠져있었어요. 말로만 주님이 저의 삶에서 가장 중요한 분이시며 주님을 위해 일한다고 하고는 막상 부르심을 받자 핑계만 대었어요. 영어도 잘 못하는 저를 왜 부르실까? 세상에는 나보다도 모든 면에서 재능이 있고 더 잘할 수 있는 사람들이 있는데 왜 나를 부르실까? 하기 싫은 사역을 왜 하라고 하실까? 목사가 많은데 왜 나를 부르실까? 그런 모든 질문들이 성령님의 능력을 체험한 후 저의 힘으로 하는 것이 아니고 하나님이 하신다는 용기가 생겨서 순종하고 주님의 일을 하겠다고 했지요."

"네가 어떻게 느꼈다는 것을 안단다. 내가 사람들을 부를 때는 그들이 재능과 모든 것이 갖추어져 있기 때문이 아니다. 능력이 없는 사람들일지라도 성령의 도움으로 불가능을 가능하게 할 수 있어. 이 여자는 자기의 재능과 능력이 부족하다고 생각하지만 진짜 문제는 자기자신을 과

소평가하며 불순종하고 있어. 나를 바라보아야 성령의 능력을 알게 되고 따라올 수 있는 거야."

"어떻게 하면 이런 구덩이에서 나올 수 있어요?"

"사랑하는 딸아, 사람들이 나에 대한 신뢰가 필요해. 그리고 성령의 능력에 의지하는 것을 배워야되. 어떤 나의 자녀들은 성령께서 그들과 함께하고 도와줄 수 있다는 것을 모르고 있어. 그들에게 성령의 능력에 대해서 알려라. 그래서 그들이 자기들의 힘으로 하는 것이 아니고 성령의 힘으로 한다는 것을 알아야 해."

"예수님, 저에게 당신을 신뢰할 수 있는 믿음을 주세요. 그래서 주님이 원하시는 것을 할 수 있게요. 당신의 말씀에 순종하여 성령님에 대해서도 알릴 수 있도록 기회를 주세요. 바울과 같은 믿음을 주셔서 어떤 환경에서도 '내게 능력 주시는 자 안에서 내가 모든 것을 할 수 있느니라' 하는 간증을 할 수 있게 은혜 베풀어 주세요."

"네가 해야 할 일은 다른 사람들에게 나에게 순종하라고 계속 말하는 것이란다. 순종하면 기적을 볼 수 있다고 해라. 순종하는 사람들을 성령께서 인도하시고 섬길 수 있게 도와줄 것이다."

13. 자기를 의지하는 구덩이

얼마안가서 또 어떤 사람의 한탄하는 소리가 들렸다. "내가 15년을 이곳에서 사역을 했는데 이런 삶을 어떻게 15년을 더 살 수 있을까?"

이 사람이 있는 구덩이에 가보니, 한 남자가 구덩이 안에서 낚시질을 하고 있었다. '물이 없는데서 왜 고기를 잡으려고 할까' 하고 소녀는 의아했다.

그는 다시 실망한 목소리로 말했다. "고기가 하나도 안 잡히네. 왜 그럴까?"

그는 낚싯대를 계속 여기저기로 옮기면서 고기를 잡으려고 안간힘을 쓰고 있었다.

예수님은 고개를 흔들면서 슬픈 얼굴로 말씀하셨다.
"이 사람은 왜 고기가 안 잡히는지도 모르고 있어."
"왜 땅에서 낚시질을 하나요?"
"나의 사랑하는 딸아, 그는 영적인 장님이라서 구덩이에 빠져서 그것도 모르고 있단다. 그래서 땅에서 낚시질을 하고 있다는 것도 모른단다. 지금 그는 호수에 있다고 생각하고 낚시질을 하고 있어. 그런데 그가 장님이니 그것을 보지 못하고 있어. 그가 먼저 잘못된 장소에서 낚시질하는 것을 깨닫고 그곳에서 나올 생각을 해야되. 그런데 그는 보지 못하므로 현재 있는 곳에서 나오려는 생각을 전혀 하지 않아."
"어떻게 이 사람이 볼 수 있을까요? 주님께서 장님의 눈도 뜨게 하실 수 있잖아요? 왜 이 사람을 그냥 내버려 두세요?"
"그가 시력을 잃은 이유는 자기의 안전과 평안만을 위해서 일을 하기 시작한 후부터였어. 그리고 나의 생명의 말씀을 경청하기보다는 생명이 없는 세상적인 책들과 벗이되고 세상의 일들에 더 관심이 많아졌어. 그는 사역을 열심히 하는 사람 같아 보이지만 고기를 잡지 못하는 낚시꾼이야. 고기가 안 잡히는 것을 알면서도 내가 다른데로 가서 낚시질을 하라고 말해도 듣지 않아. 자기가 원하는 곳에서만 있으려다 영적인 방향 감각을 잃어버린 것이지. 인간의 지혜로는 사람을 낚는 어부가 될 수 없지. 그리고는 나를 위해서 일하는 것이 재미없고 지루하다는 절망적인 생각이 들어가기 시작했어. 그래서 하나도 잡지 못하는 낚시질을 언제까지 해야 할까 하고 고심하고 있어."

"주님의 일을 하는 것이 정말 어려운 것 같아요. 이 사람은 자기가 어려운 상태에 있다는 것을 알면서도 그곳에서 어떻게 나올 수 있는지를 모르는 것 같아요. 그렇게도 오랫동안 낚시질을 하고도 고기를 하나도 잡지 못했으니 어떻게 해야 이런 구덩이에 빠지지 않을 까요?"

예수님은 말씀하셨다. "나의 사랑하는 딸아, 슬픈 일은 이런 상태에 있는 나의 일군들이 많단다. 이 사람은 자기가 좋아하는 세상적인 것에 한눈을 팔면서 자기의 의지대로 나를 섬기려고 하기 때문에 고기도 없는 곳에서 낚시질을 하고 있단다. 나에게 부르짖는 사람들과 고통속에 살고 있는 사람들이 있다는 것은 생각하지 않는단다. 또 다른 사람들의 고통의 소리를 들으려고 하지도 않고 그런 사람들과는 절대로 같이 일을 하면 안 된다고 결정하고 자기의 평안과 안전만을 생각하지."

소녀는 부끄러웠다. "주님, 저의 말씀을 하고 계셔요. 제가 아픈 사람들에게 오랫동안 관심이 없었어요. 그러면서도 왜 하나님의 역사가 나타나지 않는지에 한탄을 한적이 많아요. 그러고보니 이 사람의 상태는 제가 주님에게 왜 영적인 부흥을 볼 수 없느냐고 간절히 기도하던 그때를 상기하게 해주네요. 하나님의 은혜로 교도소 사역을 통해서 주님이 살아계시며 성령님께서 아픈 사람들을 치유하시고 강하게 역사하신다는 것을 가르쳐 주셨어요. 주님께서 저를 부르시지 않으셨다면 저는 지금도 고통에서 신음하는 사람들을 도와주려고 생각조차 하지 않았을 거예요. 저 역시 저의 안락과 세상 것만을 사랑하고 쫓았으니까요."

예수님은 말씀하셨다. "내 아이야, 네가 이제야 너 자신을 보는 구나."

"제가 이런 구덩이에 빠지지 않도록 하려면 어떻게 해야 할까요?"

"잘 물어보았다. 네가 무엇이든 해야 할 일에 최선을 다했다고 생각하고 거기에 만족한다는 것을 느낄 때 조심해야 한다."

"더 설명을 해주세요."

"어떤 나의 일군들이 모르는 것은 내가 그들을 향한 비전과 계획이 있다는 것이야. 그런데 그들 자신이 어디서 나를 섬길 것에 대해 스스로 결정을 하고 자기들이 최선을 다했다고 생각해. 내가 그들에게 무엇을 원하는지를 염두에 두지 않고 자기 뜻대로 일을 하기 때문에 문제가 생긴다는 것도 모르지. 어디에서 낚시질을 해야 하는지를 네가 결정하지 말고 성령의 음성을 듣고 따라라. 네 계획을 네가 세우지 말고 나에게 맡겨라. 그렇지 않으면 다른 자리로 옮겨야 할 때가 와도 그것을 모르고 계속 마른 땅에서 낚시질을 할 수가 있단다."

"예수님, 저는 도저히 이해가 안돼요. 왜 그렇게도 주님의 마음을 이해하는 것이 어려울까요? 제가 사역에만 초점을 두면 되는 줄 알았어요. 어떻게 성령님의 인도를 받아 언제, 어디서 사역을 해야 하느냐는 것은 제가 결정해도 된다고 생각했었어요. 그런데 주님께서 저에게 미래의 계획을 달라고 하신 후에 생각해 보니 저 역시 저 자신에만 초점을 두었고 주님께서 원하시는 것이 무엇이란 것을 숙고해 보지 않았다는 것을 발견했어요. 주님을 섬긴다고 하면서도 저의 안전과 평안에만 초점을 두고 오랫동안 일을 해 왔다는 것을 알게 되었어요. 어떻게 주님께서 원하시는 것을 할 수 있을까요?"

"나의 딸아, 너는 지금 그것을 배우고 있단다. 나를 가까이 따라오면 성령께서 이런 잘못된 구덩이에 빠지지 않도록 경고할 것이다. 너에게 침묵기도 시간을 가지라고 부른 것도 그 이유란다. 이 남자는 15년을 나를 섬긴다고 했지만 자기가 계획을 세우고 일하면서 나를 섬긴다고 생각했지. 또 앞으로의 15년의 계획도 자기가 이미 만들고 계속 마른 땅에서 고기가 안 잡힌다고 실망하고 있지."

"어떻게 이 사람이 이곳에서 나올 수 있나요?"

"그가 자기의 계획을 버리고 겸손하게 기도하기 시작하며 나의 말씀을 경청하고 나의 음성을 듣고 순종하며 따라오는 것이지. 그러면 성령께서 그가 사람을 낚는 어부가 되게 할 수 있어."

"이 사람에게 하나님의 말씀을 경청하고 싶은 마음을 주세요. 또 그와 같이 구덩이에 빠진 사람들을 불쌍히 보시고 그들의 영의 눈을 열어주시고 주님의 음성에 순종하는 마음을 주세요. 그들의 마음을 여시어 주님을 따라갈 수 있게 해주세요. 저에게도 저의 계획을 버리고 기도하면서 주님의 음성을 듣고 순종하며 따라 갈 수 있는 마음을 주세요. 그래서 저의 사역을 통해서 주님께 영광을 돌리고 많은 사람들이 주님을 만나 구원을 얻고 소망의 삶을 살수 있도록 해주세요."

"나의 딸아, 네가 나를 기쁘게 한다. 나를 따라 오너라. 너에게 가르쳐 줄 것이 아직도 많다."

14. 쾌락을 사랑하는 구덩이

소녀는 말없이 예수님을 따라갔다. 이산에서 주님은 그녀에게 영적 지도자들도 얼마나 쉽게 잘못된 구덩이에 빠져서 주님을 따라 갈수 없는지를 배우고 있었다. 그런데 얼마 가지 않아서 한 구덩이에서 남자의 소리가 들려왔다.

"아. 정말 맛이 있는데!"

그 구덩이에는 술병들과 마약들로 지저분한 쓰레기가 싸여 있는 곳이고 한 남자가 술에 취해서 정신이 반은 나간 사람처럼 벽에 기대어 앉아 있었다. 술병 안에는 지렁이들이 헤엄치고 있었고 그의 술잔 안에는 움직이는 검은 벌레들이 있었다. 그는 맛있다고 하면서 계속 마시고 있었다.

소녀는 이해할 수가 없었다. "주님, 왜 이 사람은 징그러운 벌레들을 보지 못해요?"

"나의 사랑하는 딸아, 이 구덩이에 빠진 사람들은 영적인 눈이 멀어서 나를 위해서 일한다고 하지만 술과 마약과 쾌락을 나보다 더 사랑하고 죄 된 삶을 살면서 회개를 하지 않고 있어."

"왜 이 사람은 이런 상태가 되었어요?"

"성경말씀이 이런 사람들이 빠지는 구덩이에 대해서 경고를 했어. '너는 이것을 알라 말세에 고통하는 때가 이르러 사람들이 자기를 사랑하며 돈을 사랑하며 자랑하며 교만하며 비방하며 부모를 거역하며 감사하지 아니하며 거룩하지 아니하며 무정하며 원통함을 풀지 아니하며 모함하며 절제하지 못하며 사나우며 선한 것을 좋아하지 아니하며 배신하며 조급하며 자만하며 쾌락을 사랑하기를 하나님 사랑하는 것보다 더하며 경건의 모양은 있으나 경건의 능력은 부인하니 이같은 자들에게서 네가 돌아서라' (디모데후서 3:1~5). 자기의 쾌락을 나보다 더 사랑하는 사람들은 자신의 삶을 망치고 자신들만 해칠뿐아니라 다른 사람들에게도 상처를 준단다."

"주님, 정결한 삶을 산다는 것이 정말 어렵다는 것을 느껴요. 왜 죄 속에 살면서도 우리가 모를까요?"

"이런 일들이 나의 자녀들에게서도 일어나고 있다. 나를 온 마음을 다해 사랑하지 않고 자기와 쾌락과 세상을 더 사랑하기 때문에, 영적인 장님들이 된단다. 이 구덩이에 빠진 사람들은 자기들만 죄 속에서 살게 하는 것이 아니고 다른 사람들도 쾌락의 구덩이에 불이 들이지."

"예수님, 어떻게 이 구덩이에서 나올 수가 있나요?"

"모든 것이 성령의 도움으로 가능하다. 어떤 죄에 빠졌더라도 누구든지 회개를 하고 나에게 도움을 청하면 용서를 받고 깨끗함을 얻으며 상처도 치유 받을 수 있어."

"쾌락의 구덩이에 빠진 사람들이 그것이 죄란 것을 깨닫고 회개하여 세상보다 당신을 더 사랑하게 이끌어 주세요."

"나의 사랑하는 딸아, 나의 생명의 말씀이 그들의 마음에 정결함을 주고 세상을 사랑하는 것에서 해방시킬 수 있단다. 그러기 위해서는 그들이 먼저 선한 삶을 살기를 원하는 마음이 있어야되. 그리고 그들이 나에게 와서 회개하고 깨끗함을 받지 않으면 선한 양심을 가지고 살수가 없어. 나를 사랑하기 원하는 사람들은 선한 양심을 가지고 선한 삶을 살려고 노력해야되."

"사랑하는 주님, 제가 어떤 삶을 살아야 주님을 기쁘게 해 드릴 수 있을까요?"

"나의 사랑하는 아이야, 네가 시험을 받을 때 나를 바라보아라. 그래서 어떻게 선한 양심을 따라서 살수 있는지를 성경을 통해서 배우고 시험을 이기도록 하라. 나에게 오면 너의 마음이 깨끗해 질 수 있단다. 죄가 처음에는 달콤한 것 같지만 곧 쓰고 그들의 영혼을 죽이는 독이 될 수 있다는 것을 모르는 사람이 많아. 그럴 때 그들의 마음이 병이든단다. 그러나 그들이 회개를 하고 나에게 돌아올 때 치유를 받을 수 있어."

"예수님, 제가 당신의 선한 양심을 가지고 살 수 있게 해주세요. 그래서 제 마음에 병이 들지 않게요."

"나를 따라오너라. 그리하면 내가 너를 도와줄 것이다. 자, 이제 가자. 너에게 보여줄 것이 있다."

15. 분노의 구덩이

소녀는 예수님을 따라가면서 이번에는 무엇을 가르쳐 주시려고 하실까 하는 마음이 들었다. 얼마 동안 정적이 흘렀다. 이제 모든 구덩이를 다 지나갔나 하는 생각도 해 보았다. 그런데 별안간 사람들의 비명소리가 나며 싸움하는 소리가 들렸다. 가까이 가보니 한 구덩이에서 두 남자가 서로에게 돌을 던지며 욕을 하고 서로를 치면서 싸우고 있었다.

예수님은 소녀에게 말씀하셨다. "이 사람들은 평화가 무엇인지 모르고 있어. 그리고 그들은 계속해서 서로에게 돌을 던지고 있지. 슬픈 일은 여기에 맞붙어서 싸우고 있는 사람들은 나를 위해서 일한다고 하는 사람들이야. 나를 사랑한다고 하는 사람들이 다른 사람들에 대한 사랑이나 존경이 없는 사람이 많아. 하나는 목사이고 하나는 평신도 지도자야. 그들은 분노에 가득차서 작은 일로 싸우고 있어. 서로 자기들이 옳다고 생각하는 것만 주장하고 싸우느라고 죽어가는 영혼을 위해서 복음의 씨를 뿌리는 것은 전혀 생각할 여유가 없어. 나를 사랑한다고 하며 따라온다는 사람들에게도 이런 문제가 있어. 자기들의 혈기로 분노의 구덩이에 빠져서 삶을 망치고 있어. 그들은 어떤 문제에 닥쳤을 때 어떻게 문제를 평화롭게 해결해야 할지를 몰라. 그래서 자기들 뿐만 아니라 다른 사람들까지도 구덩이로 끌어들이지. 그것이 마귀가 원하는 것이지. 그래서 지도자들이 자기네들이 해야 할 일들을 까마득하게 잊어버리고 서로에게 화를 내고 내 영광을 가리는 일을 하고 있어."

"주님, 어떻게 제가 화를 내지 않고 평화를 만들 수 있을까요?"

"분노로 사로잡힌 사람들과 시간을 보내지 않도록 조

심하라. 그렇지 않으면 너도 그들이 있는 구덩이에 끌려 들어갈 수 있다."

"어떻게 하면 분노의 구덩이에 빠진 사람들을 피할 수 있을까요?"

"분노의 구덩이에 빠진 사람들은 쉽게 다른 사람들에게 화를 내지. 그런 사람들을 피해라."

"예수님, 그런 사람들을 피하지 않고 제가 그런 사람들이 평화를 찾을 수 있도록 도와줄 수는 없을까요?"

"어떤 사람들은 네가 도와 줄 수가 있다. 그런 사람들은 이미 돌을 던지는 것이 잘못이라는 것을 깨닫고 하나님의 말씀에 순종하려고 구덩이에서 나오려는 사람들이다. 그러나 대부분의 분노의 구덩이에 빠진 사람들은 쉽게 화를 내므로 네가 그들과 시간을 보내게 되면 너도 화를 내게 되고 그 구덩이에 빠질 수 있다는 것이지. 네가 사람들에 대한 분노로 인해서 거기에 초점을 두다보면 네가 나와 시간을 보내는 것에 방해가 된다. 또 네가 마음의 평안을 잃어버릴 수도 있다."

"예수님, 저에게 지혜를 주세요. 그래서 분노의 구덩이에 빠진 사람들을 피하게 해 주시고 주님께 초점을 맞추고 당신을 사랑하는 삶을 살게 해주세요."

"네가 성령의 음성을 듣고 순종하면 그런 사람들을 피할 수 있다."

"주님, 성령을 따라갈 수 있는 마음을 주세요. 그런데 분노의 구덩이에 빠진 사람들은 어떻게 나올 수 있어요?"

"그들이 나를 바라보고 분노가 죄라는 것을 회개하고 그들이 모든 사람을 용서하는 것을 배우면 성령의 도우심으로 그곳에서 나올 수 있어. 말씀에 순종하는 것을 배우면 성령의 도우심으로 누구든지 온순한 사람이 될 수 있어. 성령께서 그들의 아픔을 치유해주고 사랑을 하도록 도와 줄 수 있어. 그렇게 되면 쉽게 화를 내던 사람들도 사랑으로 가득찬 사람으로 변화 될 수 있어. 모든 것이 성령의 도우심으로 가능하단다."

"예수님, 모든 것이 가능하다면 왜 제가 이런 사람들을 피해야 하죠?"

"그건 나와 함께하는 소중한 시간을 빼앗기 때문이다. 너에게 가장 중요한 것은 나와 시간을 보내고 나의 음성을 듣는 것에 초점을 두어야 해. 그래서 너는 내가 원하는 사람들을 도와주고 치유하는 사역을 해야하기 때문이다. 다른 사람에 대한 사랑과 존경이 없는 사람들과 시간을 보내면 네가 그들이 빠진 구덩이에 빠지게된다. 그런 사람들을 잘 감당 못한다는 것을 잘 알고 있지 않니?"

"당신의 말씀이 맞아요. 그러나 같이 사역하는 사람들이 쉽게 화를 내면 어떻게 피할 수 있을까요?"

"네가 그런 사람들은 가까이 하지 말고 기도에 더욱 힘써야한다. 그러지 않으면 너도 그 사람들과 같이 분노의 영에 사로 잡히게 된다."

"그런 사람들을 도와 주려다 저도 그 구덩이에 빠지기가 쉽다는 것을 말씀하시는 거예요?"

"그렇단다. 그들의 목표는 너를 그 구덩이에 끌어 들이는 것이지. 그것이 마귀가 원하는 것이지."

"주님, 감사합니다. 이제와 생각해보니, 나에게 화내는 사람을 만났을 때 저 역시 그 사람과 똑 같은 행동을 했었던 때가 있어요."

"나의 사랑하는 딸아, 그것이 내가 곧 너에게 가르쳐 주려는 것이란다. 분노의 구덩이에 빠져 있는 사람들은 어떻게 하면 다른 사람들을 구덩이에 끌어 들일 수 있다는 것을 알고 있어."

"예수님, 저 또한 그 구덩이에 빠져 있었지만 용서를 통해서 나올 수 있었어요."

"나의 사랑하는 아이야, 나의 자녀들이 이 구덩이에 잘

빠진단다. 교회에서 나의 자녀들이 서로에 대한 사랑과 존경이 부족해. 사람들이 서로를 비판하고 무시하면서 서로가 잘났다고 하고 사랑과 인정만 받으려는 사람들이 이 구덩이에 빠져있단다. 그런 사람들은 나를 따르며 잃어버린 양을 구하려는데는 관심이 없어. 너는 이런 사람들이 서로 사랑하고 용서할 수 있도록 끊임없이 기도하라."

"제가 쉽게 화내지 않고 편견과 비판이 없는 깨끗한 마음을 가질 수 있게 해주세요. 분노에 가득찬 사람들에게 회개의 영을 부어주세요. 당신의 도움이 필요합니다. 세상 사람들이 당신의 사랑을 알게되고 사랑의 복음으로 변화 되도록 성령님께서 역사해 주세요. 나의 마음의 평화를 빼앗아 가는 사람들을 가까이 하지 않게 도와 주세요. 제 주위에 평화를 추구하는 사람들로 둘러 싸이게 해 주세요."

"나의 사랑하는 딸아, 평화를 지키지 않는 사람들은 사람들의 마음에 혼란과 불안을 가져온다."

"예수님, 제가 가장 원하는 것이 마음의 평화예요."

"내가 너에게 평안을 준단다."

"주님과 시간을 보내고 당신의 사랑의 음성을 듣는 것이 평안을 가져다 준다는 것을 배웠어요. 당신의 평안이 저의 평안이 되었습니다."

"사랑하는 딸아, 그래서 너에게 나보다 시간을 더 많이 보내는 사람이나 나보다 더 가까운 사람을 두지 말라고 한 이유란다. 다른 사람은 아무리 평화가 있다 해도 그들은 내가 너에게 주는 평안을 줄 수가 없어. 그런 사람들과 시간을 보내면 너의 평화를 빼앗아 가게 되어 있어. 그렇지만 나의 평화는 네가 계속 나와 시간을 보낼 때 너의 마음에 채워주는 것이란다. 그래서 너에게 침묵기도를 하라고 불렀단다."

"침묵기도를 하라고 불러 주셔서 감사합니다. 주님의 평화가 저를 감싸고 있어요. 이 평화를 다른 사람들이 빼앗아 가지 않도록 성령님의 인도하심을 구합니다. 이제 주님이 주시는 평화의 뜻을 더 알게 되었어요."

"네가 얼마전에 분노의 구덩이에 빠질뻔했어. 너를 배려하지 않는 사람들이 분노의 구덩이에 넣으려고 했지."

"맞아요, 주님, 이제와 생각해보니 너무 쉽게 이 분노의 구덩이에 빠질 수 있다는 것을 알게 되었어요. 어떤 사람들은 자기들이 나에게서 원하는 것을 주지 않았을 때, 나에게 화를 냈어요. 그때는 마치 분노의 영이 나에게 더러운 물을 확 뿌린 것 같았어요. 당신의 도움으로 다시 평안함을 찾았어요. 당신의 지혜로써 저의 평안을 빼앗아 가는 사람들을 멀리 할 수 있게 해 주세요."

"나의 사랑하는 아이야, 네가 지금 그것을 배우고 있다. 나의 생명의 말씀이 상처받은 심령들을 치유하고 평안과 사랑의 마음을 줄 수 있다. 지금부터는 나와 시간을 더 많이 보내며 그들의 평화를 위해서 기도하라. 그들이 나를 만날 때 마음에 평화를 찾을 수 있어. 계속 복음을 전파하라. 복음을 책으로 전할 때 구원을 얻고 사람들이 나를 만날 수 있어."

"저에게 마음에 평화를 주실 수 있는 분은 당신 밖에 없어요. 당신과 끊임없는 사랑의 관계를 통해 저의 마음에 평안이 넘치게 해주세요."

"나의 아이야, 나와 계속 걸으면 마음의 평안을 찾을 수 있다. 그러니 나의 마음을 품고 계속 복음의 씨를 뿌려서 나의 평화의 씨를 다른 사람들의 마음에도 심어라."

"예수님, 당신은 평화의 왕입니다. 당신의 평화의 복음을 땅끝까지 전하게 해 주세요. 당신을 사랑하고 찬양합니다." 소녀는 춤을 추기 시작했다. 예수님의 얼굴은 기쁨으로 가득차서 소녀와 같이 춤을 추기 시작하셨다.

16. 마귀의 구덩이

소녀는 조용히 예수님을 따라갔다. 산의 들꽃들은 하나님의 영광을 드러내며 피어있었다. 몇송이 꽃을 들고 주님의 손을 잡고 따라가는 길은 평화의 길이었다. 그런데 얼마안가서 울부짖는 소리가 들렸다. 가까이 가보니 한 구덩이에서 어떤 남자가 얼굴을 감싸고 땅바닥에서 울고 있었다. 짐승같이 생긴 마귀가 채찍으로 계속 남자를 때리고 있었다. 그 남자는 아파 신음을 하면서도 대항해서 싸우지않고 맞기만 하며 계속 울고 있었다.

예수님은 슬픈 얼굴로 말씀하셨다. "나의 아이야, 나를 위해서 일한다고 하는 일군들이 영적인 싸움을 모르고 있어. 그들이 마귀에게 맞고 있으면서도 어떻게 대적해야 하는지를 몰라."

"저도 사실 전에 그런 일이 있었어요. 마귀에게 공격을 당해 고통속에 살면서도 어떻게 이길 수 있는 지를 몰랐어요. 그런데 성경 말씀을 통해서 어떻게 영적인 공격에 대항해야 하는지를 배우고 나서 이겼어요. 그런데 왜 이 사람은 마귀를 물리치지 않고 계속 맞고만 있어요?"

"그것은 이 남자가 영적인 눈이 어두워져 마귀가 공격하는 것을 알지 못한단다. 문제는 그가 성경을 다 안다고 생각하는 것이다. 그러나 성경지식이 아무리 많아도 영적인 싸움이 있다는 것을 믿지 않기 때문이다."

"왜 이 사람은 볼 수 없어요?"

"나의 어떤 자녀들이 성경을 온전히 믿지 않아. 그래서 그들은 영적으로 장님이 되어버려 마귀에게 고통을 당하면서도 어떻게 싸워야 되는지를 몰라. 그들은 그냥 아파서 고통을 당하고 있는 줄로 생각하고 있어. 아주 슬픈일이야. 나의 말을 믿는 사람들은 영적인 눈으로 마귀가 공

격한 다는 것을 느낄 수 있지. 물론 영적 분별력을 받은 사람들은 마귀를 눈으로 볼 수도 있어. 너도 영적인 싸움이 있다는 것을 알고 있지 않니?"
 "예수님, 마귀와의 싸움에서 당신의 이름에 의지하여 싸움에서 이길 수가 있었어요. 제가 어떻게 다른 사람들을 도울 수 있을까요?"
 "나의 사랑하는 딸아, 먼저 그런 사람들을 위해서 기도를 시작해라. 그 다음에 그들에게 영적인 싸움이 있다는 것을 가르쳐라. 그들이 어떻게 성경말씀과 믿음으로 영적인 고통에서 해방된다는 것을 가르쳐라. 마귀가 사람들에게 나쁜 길로 빠지도록 유혹하는 생각들을 가져다 준다는 것도 모르고 있어. 나의 생명의 말씀으로 영적인 전쟁에서 승리할 수 있으며 나를 따라오는 자들에게는 마귀를 이길 수 있는 모든 필요한 능력의 말씀을 주었지. 그러나 말씀을 어떻게 적용하는 지도 몰라서 고통속에서 살고 있지."
 "어떻게 영적인 싸움에서 이길 수 있는지를 더 말씀해 주세요. 어떤 것들이 우리들의 영적인 무기예요?"
 "나의 사랑하는 딸아, 기도란다. 기도의 능력은 사람들에게 영적인 싸움에서 이길 수 있는 힘을 준단다. 사람들은 마귀를 자기들의 힘으로 물리칠 수 없어. 또 성령의 힘과 내 이름으로 이길 수 있어. 물론 경건한 삶을 살아야 마귀가 틈을 타지 않게되지. 그런데 어떤 나의 일군들도 마귀가 그들의 마음에 나쁜 생각을 가져다 주어 죄에 빠지게 한다는 것도 모르고 있어. 그래서 죄에 빠지고 마귀들에게 맞고 고통속에서 살아. 내가 이미 마귀에게서 승리의 삶을 살 수 있도록 모든 능력과 권세와 지혜의 말씀을 주었는데도 마귀에게 계속 맞는 사람들이 있어. 참 안타까운 일이야."

"제가 어떻게 영적으로 어려움을 당하는 사람들을 도울 수 있는지 알려 주세요."

"나의 아이야, 네가 본 것보다 더 마음 아픈 일들이 많단다. 나를 따라오너라." 예수님은 소녀를 다른 구덩이에 데려 가셨는데, 그곳에는 두 남자가 있었다. 그런데 사탄이 한 남자의 귀에다 속삭이기를 다른 한 사람을 공격하라고 하자 그 남자는 재빠르게 가만히 있는 다른 사람에게 공격을 했다. 둘이는 큰 싸움이 붙어 바닥에서 뒹굴며 싸우는 동안 마귀는 손뼉을 치고 춤을 추면서 비웃고 있었다.

예수님은 말씀하셨다. "싸움을 걸은 사람은 교회에서 평신도 지도자라고 하는 사람인데 마귀의 말을 듣고 목사를 공격한 것이지. 그 평신도 지도자라고 하는 사람은 계속 교회에서 문제를 일으키고 목사를 비판하는 사람이야. 그는 마귀에게 이용을 당하고 있다는 것도 모르고 있어. 나는 나의 자녀들이 사랑으로써 하나가 되기를 원해. 어떤 사람이 너를 공격할 때 그것은 그냥 사람의 공격이 아닐 때가 있다는 것을 알아야해. 마귀가 사람들의 마음을 휘저어 싸우라고 충동질을 할 때 그것이 마귀의 장난이야. 마귀의 말을 듣고 따르는 이들은 마귀에게 이용을 당하고 있는 사람들이야."

"제가 어떻게 이런 사람들을 도와 줄 수 있을까요?"

"사랑하는 딸아, 기도하라. 그들에게 회개의 영을 부어 달라고 기도하라. 나의 자녀들이 사랑으로 하나되고 평화가 교회에서 이루어져 나의 나라가 각자의 마음에 있게 되기를 위해서 기도하라. 추수할 것은 많은데 나의 자녀들이 마귀에게 이용을 당하여 문제를 일으키고 있단다. 싸우는 사람들은 나의 말을 순종할 수도 없고 추수하는 사람들이 아니야. 서로에게 계속 상처를 주고 받는 상태에서 회개하고 돌아와야 복음을 전할 수 있다."

소녀는 노래를 했다. "예수님, 우리가 서로를 판단하고, 비판하며, 무시하고, 정죄하므로써 잘못된 태도와 말과 행동으로 죄에 빠질 때 회개할 수 있는 은혜를 부어주세요. 우리의 마음을 열어주시어 깨끗하게 청소 해주시고 당신을 기쁘게 하는 삶을 살도록 은혜 베풀어 주세요. 모든 사람들과 평화를 추구하며 사랑으로 연합 될 수 있도록 우리의 마음을 당신의 사랑으로 채워주세요. 당신의 평화를 우리에게 주세요. 우리에게 분별의 영을 주시어 영적인 세계에서 어떤 일이 일어나는지를 알게 하시어 성령님의 음성을 듣고 순종하게 해주세요. 평화와 연합을 깨뜨리는 사람들을 회개시켜 주세요. 그리하여 그들이 평화를 추구하는 사람들이 되어 당신의 복음의 씨를 심는 자들이 되도록 축복해 주세요. 상처 받은 사람들을 치유해주세요. 전쟁을 일으키는 정부의 지도자들을 회개 시켜주셔서 그들이 평화를 추구하도록 인도 해주세요. 주님, 사랑합니다. 당신이 원하시는대로 영적 지도자들을 도울 수 있는 지혜를 주세요. 당신께서 원하시는 말씀을 전할 수 있는 용기를 원합니다. 당신을 더 사랑하기를 원합니다. 당신의 깊은 사랑을 더 알게 해주세요."

예수님은 미소를 지으셨다. "나의 사랑하는 딸아, 네가 나의 음성을 듣는 것을 기뻐한다. 이 책을 내가 축복한단다. 네가 영적 지도자들을 도울 수 있도록 문을 열어 주겠다."

소녀는 주님을 위해서 춤을 추기 시작했다. 주님께서 활짝 미소를 지으시면서 말씀하셨다. "자, 이제 잃어버린 양을 찾아 나갈 때다. 그 잃어버린 양들 중에는 영적 지도자들도 있어. 그들은 나를 모르면서도 자기들이 지도자들이라고 생각하지. 그들은 나의 평화를 알지 못해. 그러니 너는 계속 복음을 전파하라. 그래서 많은 사람들이 사랑을 알게되고 평화의 씨를 심도록."

"예수님, 사랑합니다. 당신이 원하시는 사람들에게 평화의 복음을 전할 수 있도록 문을 열어 주세요. 영적 지도자들이 주님을 간절히 찾는 마음을 주시고 당신을 만날 수 있도록 은혜 베풀어 주세요."

"나의 사랑하는 딸아, 침묵기도를 계속하라. 그렇게 하면 네가 많은 사람들을 도울 수 있을 것이다."

"정말요? 주님은 저에 대한 비전과 계획이 많이 있으신 것 같아요."

"나는 너의 책을 통해서 많은 사람들에게 복음의 씨를 뿌리기를 계획하고 있다."

"예수님, 저에 대한 당신의 비전과 계획을 이해할 수 있게 해주시고 순종할 수 있게 도와주세요."

"그렇게 하자면 네가 나와 시간을 많이 보내야 한단다. 네가 책을 통해서 사람들을 도울 수 있어. 그래서 내가 쓰라고 하는 책을 써라. 내가 많은 사람들을 돕게 하겠다."

"당신의 뜻이 저의 삶에서 이루어 지기를 기도합니다. 저의 마음을 열어주시어 당신께 순종하게 해주세요. 당신이 원하시는 것을 하고 기쁘게 해드릴 수 있도록 은혜 내려 주세요."

주님의 얼굴은 웃음으로 가득했다. 소녀도 가득한 웃음과 기쁨으로 주님의 손을 잡고 따라갔다.

17. 꽃밭

소녀는 주님께서 어떻게 인도하실지 모르지만 어디로 가든지 주님과 걷는 길은 그분께 대한 믿음이 성장하는 길이라는 것을 알고 있다. 그분의 깊은 사랑을 더욱 알게 되고 사랑 하는 것을 배우는 길이라는 것도 알고 있다.

예수님은 말씀하셨다. "사랑하는 딸아, 나를 따라 오너

라. 내가 너로 하여금 사람을 낚는 어부가 되게 하리라."

얼마를 걸어서 산을 지나니 새들이 노래하고 꽃들이 피어 있는 꽃밭에 도착했다. 소녀는 소리를 질렀다. "주님, 제가 가장 좋아하는 민들레 꽃밭으로 다시 데려오셨네요."

"나의 사랑하는 아이야, 너를 또 다른데 구경을 시켜줄 때까지 네가 좋아하는 꽃들을 맘껏 즐기고 쉬어라. 내가 너를 많이 사랑한다."

"저도 당신을 사랑합니다. 예수님, 당신의 마음을 알게 될 때 달콤하다는데 그것이 무슨 뜻인지 설명해주세요."

"나의 사랑하는 딸아, 이 책을 쓰면서 배운 것은 내 마음의 조그마한 일부분만을 나눈 것이란다. 나의 사랑과 긍휼이 달콤함이란다. 나의 마음을 이해하고 사랑을 나눌 수 있다는 것이 달콤한 것이란다. 침묵기도의 시간을 가지면서 내가 하는 말을 더 이해하는 것이 달콤한 것이다. 나를 간절히 찾는 자가 나를 만날 것이니라. 계속 전심을 다하여 나의 마음을 이해하려고 노력해라. 그래서 때가 되면 너에게 더 많은 것을 가르치겠다. 그 시간이 올 때까지 이곳에서 너는 꽃을 즐기거라."

"주님, 감사합니다. 당신의 깊은 사랑을 더 알게 해 주세요. 당신을 더욱 사랑하기를 원합니다."

소녀는 기뻐서 들에서 뒹굴다가 민들레 꽃씨를 후후 불기 시작했다. 예수님께서 소녀를 사랑의 눈으로 바라보시는 것이 달콤한 것이라고 느끼며 그녀는 자기가 가장 행복한 사람이라는 생각이 들었다. 예수님과 함께 있는 곳은 어디나 사랑과 달콤함과 즐거움과 평화가 있다는 것에 소녀는 행복했다.

"하나님이 세상을 이처럼 사랑하사 독생자를 주셨으니 이는 그를 믿는 자마다 멸망하지 않고 영생을 얻게 하려 하심이라" (요한복음 3:16).

부록

<예수님께로 초대>

　여러분은 삶이 너무 어렵고, 고통스러우며, 무의미하다는 생각을 한 번이라도 해보셨습니까?
　사실 인간의 삶이 그렇습니다. 우리가 예수님을 마음에 영접하고 그분의 사랑을 이해하며 하나님께 용서를 받고 주님을 위해서 살려고 하기 전까지는 우리의 마음에 참된 평안이나 기쁨을 맛볼 수가 없습니다. 예수님을 믿고 그분의 사랑을 맛보고 어려운 삶 가운데에도 하나님을 위해서 복음을 전하는 사람이 되라고 권고하고 싶습니다.
　예수님께서는 우리를 위해서 십자가에 죽으시고 부활하셔서 우리를 위해 기도하고 계십니다. 예수님을 아직도 영접하지 않으셨다면 이 시간에 기도로 그분을 영접하시고 구원을 받으십시오.

　"예수님, 저는 죄인입니다. 저는 이 시간 주님을 영접하기 원합니다. 저에게 오셔서 저의 모든 죄를 용서하시고 저의 삶을 주관하시고 성령님의 인도하심으로 복음을 전할 수 있는 주님의 제자가 되기 원합니다. 제 마음의 모든 상처도 치유해 주시고 주님의 평안과 기쁨을 저에게 주시옵소서. 예수님의 이름으로 기도드립니다. 아멘."

　교회를 안 다니신다면 믿음의 성도들과 교제할 수 있고 성경을 잘 가르치는 교회를 찾으시길 바랍니다.
　성경을 매일 읽으시고 기도하시며 주님을 알려고 노력하십시오. 어떤 성경을 읽어야 좋을지 모르신다면 신약 복음서 (마태, 마가, 누가, 요한)를 읽고 예수님이 누구신지를 배우시기 바랍니다. 예수님의 사랑을 이해하고 예수님과 더 가까운 관계를 가지시려면 그분을 성경을 통해서 아는 것이 매우 중요합니다. 마음이 아플 때는 예수님께

상처를 치유해 달라고 기도하시고 또 어려움이 있을 때는 찬송을 부르며 주님에게서 위로를 받으며 승리하는 삶이 되시기를 바랍니다. 이 세상이 아무리 험하고 어려워도 주님께서 도와주시면 승리하시는 삶을 살 수 있습니다. 주님을 위해서 살며 열매 맺는 삶을 살아야겠다는 목표를 가지고 사시기를 바라며 또 영적 성장을 위해서 기도 하시기를 바랍니다.

"예수님, 저에게 당신의 지혜를 주셔서 성경을 이해할 수 있게 해주시고 아직 용서 못한 사람이 있다면 다 용서할 수 있도록 당신의 사랑을 저의 마음에 부어주세요. 어떻게 살아야 하나님께 영광을 돌릴 수 있는지도 가르쳐 주시고 저에게 주님을 가르쳐 줄 수 있는 믿음의 사람들도 만날 수 있게 도와 주세요. 주께서 저의 죄를 대속해서 십자가에 돌아가신 사랑도 더 알 수 있도록 저의 마음의 문을 열어주세요. 성령님, 저의 하루하루를 하나님께로 인도해 주시고 당신의 뜻에 순종 할 수 있게 해주세요. 예수님의 이름으로 기도드립니다. 아멘."

"하나님이 세상을 이처럼 사랑하사 독생자를 주셨으니 이는 그를 믿는 자마다 멸망하지 않고 영생을 얻게 하려 하심이라" (요한복음 3:16).

변화 프로젝트
(Transformation Project Prison Ministry)

2005년에 설립된 변화 프로젝트는 감옥 문서 선교 비영리단체로서 17만권도 넘는 책들과 비디오들이 미국 전역으로 교도소, 형무소 그리고 노숙자 보호소에 목사들을 통해서 무료로 배포되고 있습니다. 아담스카운티 교도소 수감자들의 신앙간증을 엮은 책이 영어로 6권, 스페인어로 2권이 출판 되었고, 비디오 영화가 4편이 제작되었습니다. 변화 프로젝트는 예수님의 복음을 땅끝까지 전하여 영혼 구원과 영적 성장을 초점으로 하는 소망의 문서 선교입니다.

변화 프로젝트를 후원하기 원하시는 분들은 수표를 Transformation Project Prison Ministry로 쓰시고 아래 주소로 보내주시면 됩니다.

Transformation Project Prison Ministry
5209 Mountview Blvd., Denver, CO 80207

홈페이지: www.maximumsaints.org
http//blog.daum.net/hanulmoon24
이메일: tppm.ministry@gmail.com
yonghui.mcdonald@gmail.com

2013년에 한국에서 변화 프로젝트가 설립되었습니다.
한국 연락처: 이 본 목사, 변화 프로젝트 부장
하늘문교회, 인천시 남동구 구월3동
1388-15, 우편번호 405-840
Cell: 010-2210-2504, 교회전화: 070-8278-2504
이메일: leeborn777@hanmail.net

하늘문선교회

　하늘문선교회는 지극히 작은자에게 사랑과 소망의 가교 역할을 합니다. 미국에서 추방된 교포형제, 자매들, 미국교도소에서 이송된 형제, 혹은 추방자, 교도소접견, 교도소집회간증, 문서 선교를 통한 신앙치유 사역을 하고 있습니다.

후원계좌: 국민은행 048-401-04-062403
　　　　<예금주 이 본>
이 본 목사, 하늘문선교회 회장
인천시 남동구 구월3동 1388-15, 우편번호 405-840
Cell: 010-2210-2504, 교회전화: 070-8278-2504
이메일: leeborn777@hanmail.net
홈페이지: http//blog.daum.net/hanulmoon24
　　　　　http//blog.daum.net/leeborn777

재향 군인회 재단
(Veterans Twofish Foundation)

2011년 재향 군인회라는 비영리단체가 설립되어서 군인들과 군인 가족들의 신앙간증 책을 출판하여 미국 전역으로 교도소, 형무소, 노숙자 보호소 그리고 군인들에게 목사님들을 통해서 무료로 배포되고 있습니다.

재향 군인회를 후원하기 원하시는 분들은 수표를 Veterans Twofish Foundation으로 쓰시고 아래 주소로 보내주시면 됩니다.

Veterans Twofish Foundation
P.O. Box 220, Brighton, CO 80601

홈페이지: veteranstwofish.org

저자 소개

-이영희-
(Yong Hui V. McDonald also known as Vescinda McDonald)
- 수원장로교 신학교 졸업 (1979년)
- Multnomah University, Portland, Oregon 졸업 (1984년 못노마 대학, 오레건주 학사학위 이수)
- Iliff School of Theology, Denver, Colorado, Master of Divinity 졸업 (2002년 아일립 연합감리교 신학대학원, 석사 학위 이수)
- Asbury Theological Seminary (박사학위 과정)
- Denver Women's Correctional Facility Intern Chaplain (2000~2001년) (덴버 여자 감옥 목회자 인턴쉽)
- Iliff Student Senate and Prison Ministry Coordinator (1999~2002년) (사회활동 위원회에서 활동하였으며, 교도소 선교를 시작함)
- Smoky Hill United Methodist Church (2001~2002년) (한인연합감리교회 목사 인턴쉽)
- Memorial Hospital, Colorado Springs, Colorado, Chaplain Intern Ship (2002년) (병원 목사 인턴쉽)
- St. Joseph Hospital, Denver, Colorado (2002년~현재 병원에서 목사로 재직)
- Adams County Detention Facility Chaplain, Brighton, Colorado (2003~현재 아담스카운티 교도소에서 목사로 재직)
- 2005년 감옥 문서 선교 비영리단체를 설립함. 변화 프로젝트 (Transformation Project Prison Ministry)를 설립하여 책들과 비디오들이 미국 전역

에 교도소, 형무소 그리고 노숙자 보호소에 목사들을 통하여 무료로 배포하고 있습니다. 아담스카운티 교도소 재소자들의 신앙간증을 엮은 책이 영어로 6권, 스페인어로 2권이 출판 되었고, 비디오 영화가 4편이 제작되었습니다.
- 2008년 남편이 교통사고로 소천한 후 하나님의 치유를 경험하고 영적 성장과 영적 치유를 돕는 문서선교 (Griefpathway Ventures LLC)를 2010년에 설립하여 그에 관한 책들이 영어와 스페인어 또 한국어로 출판 되었습니다.
홈페이지: www.griefpathway.com
- 2011년 군인들과 군인 가족들의 신앙간증을 발행하는 재향 군인회 재단 (Veterans Twofish Foundation)라는 비영리단체를 설립하였습니다. 군인들과 군인 가족들의 신앙간증을 출판하고 미 전역으로 교도소, 형무소 그리고 노숙자 보호소에 목사들을 통해서 무료로 배포하고 있습니다.

About The Author

Yong Hui V. McDonald, also known as Vescinda McDonald, is a United Methodist minister, chaplain at Adams County Detention Facility (ACDF) in Brighton, Colorado. She is a certified American Correctional Chaplain, spiritual director and on-call hospital chaplain.

She is the founder of the following:
- Transformation Project Prison Ministry (TPPM), a 501(c)(3) non-profit, in 2005. TPPM produces Maximum Saints books and DVDs of ACDF saints stories of transformation and they are distributed freely to prisons, and homeless shelters.
- GriefPathway Ventures LLC, in 2010, to produce books, DVDs, and audio books to help others to process grief and healing.
- Veterans Twofish Foundation, a 501(c)(3) non-profit, in 2011, to reach out to produce books written by veterans and veterans' families to reach out to other veterans and their families.

Education:
- Suwon Presbyterian Seminary, Christian Education (1976~1979)
- Multnomah University, B.A.B.E. (1980~1984)
- Iliff School of Theology, Master of Divinity (1999~2002)
- Asbury Theological Seminary, student of Doctor of Ministry (2013~present)

Books and Audio Books by Yong Hui:
- *Journey With Jesus, Visions, Dreams, Meditations & Reflections*
- *Dancing In The Sky, A Story of Hope for Grieving Hearts*
- *Twisted Logic, The Shadow of Suicide*
- *Twisted Logic, The Window of Depression*
- *Dreams & Interpretations, Healing from Nightmares*
- *I Was The Mountain, In Search of Faith & Revival*
- *The Ultimate Parenting Guide, How to Enjoy Peaceful Parenting and Joyful Children*
- *Prisoners Victory Parade, Extraordinary Stories of Maximum Saints & Former Prisoners*
- *Four Voices, How They Affect Our Mind: How to Overcome Self-Destructive Voices and Hear the Nurturing Voice of God*
- *Tornadoes, Grief, Loss, Trauma, and PTSD: Tornadoes, Lessons and Teachings—The TLT Model for Healing*
- *Prayer and Meditations, 12 Prayer Projects for Spiritual Growth and Healing*
- *Invisible Counselor, Amazing Stories of the Holy Spirit*
- *Tornadoes of Accidents, Finding Peace in Tragic Accidents*
- *Tornadoes of Spiritual Warfare, How to Recognize & Defend Yourself From Negative Forces*
- *Lost but not Forgotten, Life Behind Prison Walls*
- *Loving God, 100 Daily Meditations and Prayers*
- *Journey With Jesus Two, Silent Prayer and Meditation*
- *Women Who Lead, Stories about Women Who Are Making A Difference*

- *Loving God Volume 2, 100 Daily Meditations and Prayers*
- *Journey With Jesus Three, How to Avoid the Pitfalls of Spiritual Leadership*
- Complied and published *Tornadoes of War, Inspirational Stories of Veterans and Veteran's Families* under the Veterans Twofish Foundation.
- Compiled and published five *Maximum Saints* books under the Transformation Project Prison Ministry.

DVDs produced:
- *Dancing In The Sky, Mismatched Shoes*
- *Tears of The Dragonfly, Suicide and Suicide Prevention (Audio CD* is also available*)*

Spanish books:
- *Twisted Logic, The Shadow of Suicide*
- *Journey With Jesus, Visions, Dreams, Meditations and Reflections*
- *Maximum Saints Forgive*

Korean books (한국어로 번역된 책들):
- 『예수님과 걷는 길, 비전, 꿈, 묵상과 회상』
  (*Journey With Jesus, Visions, Dreams, Meditations & Reflections*)
- 『치유, 사랑하는 이들을 잃은 사람들을 위하여』
  (*Dancing In The Sky, A Story of Hope for Grieving Hearts*)
- 『꿈과 해석, 악몽으로부터 치유를 위하여』
  (*Dreams & Interpretations, Healing from Nightmares*)

- 『나는 산이었다, 믿음과 영적 부흥을 찾아서』
  (*I Was The Mountain, In Search of Faith & Revival*)
- 『하나님의 치유를 구하라, 자살의 돌풍에서 치유를 위하여』
  (*Twisted Logic, The Shadow of Suicide*)
- 『승리의 행진, 미국 교도소와 문서 선교 회상록』
  (*Prisoners Victory Parade, Extraordinary Stories of Maximum Saints & Former Prisoners*)
- 『네가지 음성, 악한 음성을 저지하고 하나님의 음성을 듣는 영적 훈련』(Four *Voices, How They Affect Our Mind*)
- 『하나님 사랑합니다, 100일 묵상과 기도』(*Loving God, 100 Daily Meditations and Prayers*)
- 『영적 전쟁에서의 승리의 길』(*Tornadoes of Spiritual Warfare, How to Recognize & Defend Yourself From Negative Forces*)
- 『예수님과 걷는 길 2편, 침묵기도와 묵상』
  (*Journey With Jesus Two, Silent Prayer and Meditation*)
- 『우울증과 영적 치유의 길』
  (*Twisted Logic, The Window of Depression*)
- 『예수님과 걷는 길 3편, 영적인 여정에서 위험한 함정들』(*Journey With Jesus Three, How to Avoid the Pitfalls of Spiritual Leadership*)
- 『하나님 사랑합니다 2편, 100일 묵상과 기도』
  (*Loving God Volume 2, 100 Daily Meditations & Prayers*)
- 『자녀들의 영적 성장을 위한 지침서』
  (*The Ultimate Parenting Guide*)

그린이 소개

-박영득-

박영득 (Holly Weipz)은 콜로라도 주 브라이튼시에 있는 성 어거스틴교회를 섬기고 있으며 특히 성체조배와 그림, 일러스트레이터를 통하여 주님께 영광을 드리는 자원봉사자 입니다.

Holly Weipz, a resident of Brighton Colorado, is a participant of the City of Brighton's Artist on Eye of Art Program. She is a member of St. Augustine Catholic Church and enjoys drawing and painting.

그린이 소개

-Mario Muñoz-
"영희 맥도날드 목사님이 예배 중에 하나님과의 관계에 대해서 기도 중에 있을 때, 삽화를 목사님을 위해서 그려야 한다는 생각이 강하게 들어왔다. 나는 목사님이 이 책을 쓰고 있었다는 것도 전혀 모르고 있었다. 그림을 그리면서 『예수님과 걷는 길 2편』을 읽을 수 있었던 귀하고 멋진 기회를 통하여 나의 삶은 주님으로 인하여 바뀌었으며, 이제 내가 왜 하나님께 순종해야 하는지를 깨닫게 되었다. 이 책은 하나님의 음성을 마음을 다하여 경청해야 한다는 것을 배우는 영혼의 옹달샘과 같은 책이다."
-마리오 뮤네즈, 일러스트레이터

"I was listening to Chaplain McDonald during a Chaplains Worship Services. She was praying about our relationship with God. I immediately felt compelled to create illustrations for her, all the while having no knowledge of this book or it's contents. When I finally had the awesome opportunity to read *Journey With Jesus Two*, it transformed my life. I now understand the great need of listening to and obeying God. This book is certain to drive home the importance of listening to what God wants to tell you!"
-Mario Muñoz, Illustrator

Made in the USA
San Bernardino, CA
30 May 2015